「生活·实践教育」丛书

丛书顾问 周洪宇

群文阅读教学的理论与实践

南京晓庄学院江苏省高校品牌专业二期工程（小学教育专业）
南京晓庄学院国家级一流本科专业（小学教育专业）阶段性成果

刘大伟 贾敏 编著

南京出版社
南京出版传媒集团

图书在版编目（CIP）数据

群文阅读教学的理论与实践 / 刘大伟，贾敏编著
. -- 南京：南京出版社，2020.12
ISBN 978-7-5533-3106-5

Ⅰ. ①群… Ⅱ. ①刘… ②贾… Ⅲ. ①阅读课—教学
研究—中小学 Ⅳ. ① G633.332

中国版本图书馆 CIP 数据核字（2020）第 258718 号

书　　名：群文阅读教学的理论与实践
作　　者：刘大伟　贾敏
出版发行：南京出版传媒集团
　　　　　南 京 出 版 社
　　社址：南京市太平门街 53 号　　　　邮编：210016
　　网址：http://www.njcbs.cn　　　　电子信箱：njcbs1988@163.com
　　联系电话：025-83283893、83283864（营销）　025-83112257（编务）

出 版 人：项晓宁
出 品 人：卢海鸣
责任编辑：胡孝佳　崔龙龙
装帧设计：赵海玥　石　慧
责任印制：杨福彬

制　　版：南京《社区新报》社有限责任公司
印　　刷：南京顺和印刷有限责任公司
开　　本：787 毫米 ×1092 毫米　1/16
印　　张：14.75
字　　数：239 千字
版　　次：2020 年 12 月第 1 版
印　　次：2022 年 6 月第 4 次印刷
书　　号：ISBN 978-7-5533-3106-5
定　　价：68.00 元

例的融通带给一线教师的启迪与导引想必也是生动深切的。阅读是美好的，展读本书，即开启一段与美好相遇的旅程。

——湖北省语文特级教师、正高级教师张大勇

理论研究与实践探索二者结合甚好。聚焦阅读教学的变革，呈现各种文体教学的策略；既挖掘理论意义，也呈现教学技法，《群文阅读教学的理论与实践》一书深入浅出，情理皆备，值得一读。

——河南省语文特级教师杨卫平

《群文阅读教学的理论与实践》，是在“田野”中为改进行动而研究、反思和总结，使经验走向了理论的台阶。

——江苏省中学语文特级教师、鼓楼教师发展中心副主任徐树忠

这本书，将让孩子真正学会群文阅读。帮助孩子在浩如烟海的信息中，走出碎片化阅读；帮助教师走出单篇单教式教学误区，告别从字词开始、分解篇章结构、探讨内容的传统方式。创造机会，让孩子接触真实、多元的文本，训练真实、有效的阅读策略，学会整合散乱无序的信息，并把信息提升为知识，通过有效比较，最终读出自我的分析和决断，从而形成语文能力和语文素养。

——河北省语文特级教师刘淑贵

群文阅读教学研究的价值就在于改变了单篇阅读包打天下的现状，提升了语文阅读教学的内涵，开拓了语文学习的途径。

——江苏省中学语文特级教师、鼓楼教师发展中心副主任曹茂昌

群文阅读教学是落实新课标的成功实践，尤其在促进师生精神成长方面凸显了优势。

——江苏省小学语文特级教师、鼓楼第二实验小学副校长郭学萍

群文阅读教学理论与实践研究再次告诉我们，提高语文教学质量的关键是多读书，读整本书，绝不是补课补课！

——江苏省小学语文特级教师、鼓楼教师发展中心教研员史春妍

群文阅读教学研究的核心理念：语文教学是一种生活，课外是这样，课堂亦是如此，学好语文，首先要让学生的精神生活充盈起来。

——江苏省小学语文特级教师、鼓楼区三牌楼小学教务处主任姜梅红

群文阅读基于主题，借助多文本，满足学生阅读的广度和深度要求，是一种价值性阅读。

——江苏省语文特级教师、正高级教师杨友红

聚焦群文阅读，拓展阅读空间，提升阅读质量，发展核心素养，造福莘莘学子。

——江苏省语文特级教师王祥连

群文阅读，学生阅读的新方式；群文阅读教学，阅读教学的新路径。

群文阅读研究，开辟了一个全新的语文教育领域，影响深远！此著作为学习、研究和践行群文阅读教学提供了很好的范例。

——浙江省语文特级教师、正高级教师、杭州市天长小学校长楼朝辉博士

希望本书的出版能进一步推动群文阅读教学，让更多的语文教师参与到我们语文教学的变革中来。

——浙江省语文特级教师、杭州市天长小学正高级教师蒋军晶

刘大伟老师等人对“群文阅读”的研究，让宏观与微观融合，让理论与实践并行，让阅读教学由低效走向高效，由“点状”走向“网状”，拓展语文视野，提升语文素养。

——江苏省小学语文特级教师、江苏第二师范学院副教授简中兰

刘大伟、贾敏老师主编的《群文阅读教学的理论与实践》一书的内容就像书名一样质朴而真诚，直抵群文阅读教学研究的核心，是一线教师和教研人员开展群文阅读教学研究和探索的好老师、好助手。

——江苏省语文特级教师徐金国

蒋军晶等老师开创的群文阅读实践研究，已经走过多年，刘大伟等学者总结实践经验，梳理理论基础，形成了较为系统的理论和实践的总结。此书理论和实践意义大！

——浙江省语文特级教师、杭州市卖鱼桥小学校长罗才军

群文阅读，犹如一座智慧之桥，能有效衔接课内外，能有效贯连“鱼”与“渔”，能有效打通读与写，能有效融合学与思。刘大伟老师将理论与实践打通，让研究变得可操作！

——山东省语文特级教师、首届齐鲁名师张华清

群文阅读能够调动学生的语言思维，培养学生的核心素养，是真正的“全人”教育的有效途径。刘大伟等人的研究具有前瞻性，对一线教学具有指导性！

——江苏省小学语文特级教师、正高级教师、淮安市安澜路小学副校长孙静

群文阅读教学本身就是一个热点问题，而且也是一个难题。这本书从宏观到微观透视群文阅读教学的各个层面，凝聚着一个学术团队理性思考与实践探究的智慧结晶。书中既有深刻的学术思考，也有感性的课堂案例，其中针对不同文体列举的群文阅读教学案例，一定会让一线的语文教师有所启发。我相信，这本书一定会给新课标背景下的语文教学成果增加些许亮色。

——江苏省语文特级教师袁爱国

理论建构与多元实操使得群文阅读变得如此切近而缤纷，而视域的拓宽与原生态案

序

2010年，我上了一节研究课“创世神话”，开启了我个人对群文阅读教学的研究与实践。在做的过程中，我一直希望找一些朋友共同参与，让我们共同进步。这时候我刚从临平调到天长小学，遇到了我的同事大伟。我们经常在一起打篮球，然后喝啤酒，吹大牛，话题从生活到学术，无所不包，这自然也包括了群文阅读教学的种种。记得有次，学校组织我们去爬庐山，我、庞科军、大伟几个人一路上就围绕着群文阅读啊，德里达啊，罗兰·巴尔特啊谈了一路，爬山游玩的过程，也变成了相互学习交流进步的过程。山上下来以后，大伟跟我说想写一点这方面的论文，我极为支持与关注，由此我们合作了一篇关于群文阅读教学的论文。2013年大伟博士毕业后到了南京晓庄学院工作，跟我说想带一批小学教育专业的本科生开展群文阅读方面的研究，这样既完成了工作任务，也能帮助孩子们在毕业后迅速融入到教学实践中去。他打算连续带上几年，做成一个系列，最终汇总成人才培养的成果。转眼7年过去，他和他的学生们真的把这本成果做了出来，展现在我们大家面前。

暑假中他将初稿发我阅读并邀请我为之作序，我觉得这既是我们共同关心的学术研究，又是我们友情的延续，遂欣然接受。通读本书，我感觉有两个特点。一是在理论上有了一定的深入思考。近年来，群文阅读教学在“做”上取得了长足进步，各地开展得如火如荼，也形成了一定的影响力，但是在学理上的研究还应该有更多更大的空间。本书中对群文阅读教学的理论研究有一定的深入，对互文性以及叙事文本的解读也有所涉猎，这也是今后我们研究者可以深入关心的一点。二是实践研究有了更多的样本。本书中很多作者都是在毕业工作后将群文阅读在课堂教学中不断深化，写出了不同类型的文本教学样态。虽然很多作者的文笔还很稚嫩，但作者群的广泛性意味着这一研究和实践在未来有了更大的群体，这也是我更乐于为本书作序的另一个重要原因，因为我希望语文教学的变革能够吸引更广范围的教师参与，希望我们的事业后来有人。

十余年来我持续推进群文阅读教学，因为我认为这是一件极有意义的事情，它让师生回归到“阅读”的本原，它实现了对真实阅读情状的模拟，它努力医治阅读教学的痼疾，它让孩子们爱上阅读。希望本书的出版能进一步推动群文阅读教学的深化，让更多的语文教师能够参与到我们语文教学的变革中来。

是为序。

蒋军晶

2020 年 9 月 1 日于杭州西湖

（序者系浙江省语文特级教师、正高级教师、儿童文学作家）

但应当注意的是，群文教学不能取代单篇教学，也不能取代整本书阅读教学；运用之妙，当存乎一心。

——湖北省语文特级教师、正高级教师、湖北省创新工作室主持人、夷陵中学语文教研组长万永翔

人的成长是一部阅读史，群文阅读是其中最亮丽的一页！翻开本书，你能从中找到开启这部长卷的钥匙。

——湖北省语文特级教师、正高级教师杨邦俊

群文阅读教学研究应时而生，与过去常见的单文本教学相比，在文本选择的多样性、文本教学的开放性、文本交互的建构性、文本体验的探究性等方面，具有天然的优势和特色。

——湖北省语文特级教师、中语会副秘书长、正高级教师、宜昌市教育科学研究院李伟杰

群文教学的学习单元是一个完整的学习“故事”，这样的教学让语文课容量的扩充与文本深度的挖掘，齐驱并进，互为辉映。

——湖北省语文特级教师、正高级教师、宜昌市葛洲坝中学语文教研组长陆美娟

群文阅读作为一种阅读方式，在更加开阔的视野上体现多文本阅读的价值，突破性的阅读教学实践，形成一种整体性的“理解结构”，让师生一起共享智慧。本书从理论到实践，从问题到策略，在不断深化的研究中逐步形成一套便学利教的群文阅读实践体系，为一线语文教师开展群文阅读的实践提供了参考和指导。

——江苏省语文特级教师陈林静

群文阅读教学理论与实践，旨在通过研究、探索单元教学新模式，真正为学生学习多样化的阅读方式、终身阅读与发展奠定基础。

——湖北省中学语文特级教师、兴山县第一中学课程中心主任熊必荣

群文阅读不仅是教学思想，也是课程思想，更是教育思想。深入研究群文阅读意义重大。

——浙江省语文特级教师、杭州市娃哈哈小学校长胡君

群文阅读不仅是阅读量的增加，更是阅读模式的创新、阅读效率的优化和阅读质量的提升。

——四川省语文特级教师胡齐鸣

群文阅读，为核心素养构建中语文深度学习的研究，提供了新路径和新视野。群文阅读研究，是语文教学实现结构化研究的重要突破！

——江苏省语文特级教师、正高级教师、常州市局前街小学副校长姜明红

群文阅读，给孩子全景式的阅读时空，为孩子精神世界的长高提供了无限可能。期待刘大伟先生领衔下的群文阅读研究硕果，为我们的群文阅读教学点睛、领航！

——江苏省语文特级教师、南京市新城小学校长杨树亚

——江苏省语文特级教师唐文国

群文阅读，打的是“组合拳”，练的是“真功夫”！

——江苏省小学语文特级教师、南京市中华中学附属小学校长潘文彬

群文阅读教学是举三反一，语文教材无非是个例子，例子多了，也丰富了教学内容，提高了教学成效。

——江苏省小学语文特级教师、南京致远外国语学校李响

书以“类”聚，文以“群”分，“群文阅读”让阅读由零散走向系统，牵一发而动全身。

——江苏省小学语文特级教师、南京工业大学实验小学校长胡红

群文阅读给学生带来的是丰富的想象、深刻的体验以及精神的享受，让阅读成了真正意义上的“悦读”，而这恰恰是发生在感受美、理解美、欣赏美、评价美的阅读快感之中的。

——江苏省小学语文特级教师、南京市建邺区华山路小学校长刘荃

从群文阅读出发，走向整本书阅读，乃至海量阅读，才能丰富学生的生活，丰厚学生的素养，丰盈学生的生命。

——江苏省小学语文特级教师、正高级教师、南京市晓庄小学校长金立义

阅读和教育一样，都是建立一种关系，群文阅读之互文，恰让这种关系更加丰富、精彩、意味悠远。

——江苏省小学语文特级教师、淮安市实验小学新城校区副校长刘须锦

群文阅读是将文本“读厚”，厚积薄发，再走向将文本“读薄”的过程。学生行走在这些来回中，不断提高语文素养。

——江苏省小学语文特级教师、淮安市清江浦区清河实验小学副校长胡怀珠

群文阅读，以一篇带多篇，拓展学生的视野，功在当下、利在千秋！

——江苏省小学语文特级教师、淮安市实验小学副校长顾琴

群文阅读，于生而言，既实现了量的积累，又实现了质的飞跃；既深化了人文内涵，又发现了表达技巧。于师而言，把每个教师“逼”成阅读者，把教师讲堂逼成学生学堂。

——江苏省小学语文特级教师、淮安市外国语小学副校长周素琴

主题汇聚群文里，统整品味素养成。群文阅读，信息在这里汇聚与重组，儿童浏览、搜集、提取、凝练信息的能力在这里生成和发展，是指向儿童阅读素养成长的一种有效教学策略。

——江苏省小学语文特级教师、南京市中山小学校长庄永洲

在新课标、新教材、新高考的宏大背景下，群文教学理论与实践研究，正当其时，必将给教师的教育理念和教学行为，给学生阅读的学习行为带来一场较为深刻的变革。

目 录

上篇 | 理论篇

下篇 | 实践篇

上篇

理论篇

近几年来，阅读越来越受到重视，而教育界对于阅读教学也在不断开拓创新，其中“群文阅读教学”作为新兴事物，开始成为阅读教学的新途径，并已逐渐形成一种趋势，全国各地教育人士都在对其进行深入研究和探索。根据在中国知网上的搜索，从 2011 年仅有的 1 篇，到 2014 年文献数量直线上升为 85 篇，并且仅 2020 年的上半年有关“群文阅读”的文章数量就达到了数百篇，可以说教育界对于“群文阅读”的研究呈现出越来越火热的趋势。

“群文”的概念已无需多讲，“群文阅读教学”是相对于单篇阅读教学而言，基于多篇文章的阅读教学模式。《群文阅读教学的三个问题》一文认为，群文阅读教学的第一步是确定选文的类别，第二步就是思考这些文本之间的互文性。群文阅读教学的选文需要具有互文性，而互文性对于一线中小学教师来说可能是一个陌生的事物，但这又是做好群文阅读教学所必要的。

本书的上篇将从群文阅读教学的内涵研究、互文性研究和现状思考三个方面构建群文阅读的理论篇章。编者希望能够对弥补群文阅读教学在基础理论上的缺失有所助力，给读者们带来思考。

第一章

群文阅读教学的内涵研究

群文阅读教学：概念、价值及实践路径

南京晓庄学院 刘大伟，杭州市天长小学 蒋军晶

摘 要：群文阅读教学是指在单位时间内，围绕一个议题，选择多个文本进行教与学的活动。群文阅读教学价值主要体现在四个方面：实现课程标准阅读量的目标、满足现实生活阅读的需求、改变部分教师的教学习性以及提升学生的阅读思辨力。在群文阅读教学的实践中，教师要从确定议题、选择文章、设计问题三个方面着手合理地构建群文，同时可以采取一篇带多篇、课内多篇、课外多篇的方式进行课堂教学。

关键词：群文阅读教学；概念；价值；实践路径

一、群文阅读教学的概念

群文阅读教学是指在单位时间内，围绕一个议题，选择多个文本进行教与学的活动。这一阅读教学实践是近年来国内小学语文教育界自下而上发起的一种创造性教学行为，其源头最早可追溯至中国台湾地区小学语文教育学会会长赵镜中先生提出的观点，他认为："随着图书出版及学生的阅读量的增加，教师开始尝试群文的阅读教学活动，结合教材及课外读物，针对相同的议题，进行多文本的阅读教学。"[1]在此，赵先生提出了"群文"这一概念、初步教学模式及大致特征：同一个议题、多个文本、探索性教学[2]。近年来，小学语文界开展了大量的群文阅读教学探索，形成了一定的规模和影响力。结合现有的群文阅读教学实践来看，我们认为群文阅读教学必须具备四个要素：多文本、议题、教与学、单位时间。

多文本。多文本是群文阅读教学的核心内容，这里的文本不仅仅包含纸质文本，也可以是电子文本、图片文本、电影文本等多类型的文本模式。这种多文本的遴选组合模式是群文阅读教学与语文教科书传统的单元整组教学最大的不同，

我们将其称之为文本选择的“结构化”。英国文学评论家特里·伊格尔顿在《文学事件》（*The Event of Literature*）中明确提出“结构化”的概念，认为“结构化表示一种结构，当然——它是动态中的结构，人们不断根据它要实现的目的进行重构，同时考虑结构产生的新意图”[3]。在伊格尔顿的理解中，文本的结构化是有意识的、有导向的、有明确目的的。所以，结合伊格尔顿的概念，我们在结构化的过程中应形成多元的线索导向，去引导学生实现有目的的重构。当然，在多文本的遴选组合过程中，要充分考虑到文本结构化的内外在联系，考虑到结构应促进学生生成性思维的发展。

议题。议题是群文阅读教学开展的有效策略，以一个问题或问题群的方式呈现出来，以问题来激发学生学习的兴趣，引导学生有效参与群文阅读，并最终推动学生表达陈述出自己对议题的看法或见解。议题的设定与研究过程实际上是培养学生的问题意识的过程以及在解决问题过程中思维方式的变更。正如卡尔·波普尔所说，科学最主要的特征是“它始于问题，实践及理论的问题”[4]。群文阅读教学正是以一个议题的方式激活语文课堂，引导学生积极参与课堂探讨，主动思考，发现、提出并解决问题。当然，议题的选择必须要建立在学生认知水平和社会经验的基础之上，才能够起到良好的探讨效果。对于议题讨论结果，我们认为应该是没有明确的目标导向，即所谓的共识，因为群文阅读教学更多是以培养学生思维的多元性、丰富性和拓展性为目标，结果是什么并不重要，过程才是关键。

教与学。教与学是群文阅读教学的呈现方式。与单篇阅读教学侧重的字斟句酌、篇章结构分析等有所不同，群文阅读教学不强调对字词、篇章的过多解读，而是侧重于教师以引导性话语促使学生在群文阅读过程中实现思维方式的变更。在教学过程中，教师能够真正以参与者、引导者的身份出现，以议题的方式给予学生大块的时间，让学生带着问题自主学习。学生则是以课堂主体者的身份参与课堂讨论，对议题做出合乎自己理解的解释，实现认知能力、判断能力等一系列能力的培养。这一教与学的过程实际上才是真正将“教授法”转化为“教学法”的过程。

单位时间。单位时间是群文阅读教学有效性的时间保障。一旦脱离单位时间的约束，群文阅读教学就体现不出与长时段的自主学习、探究学习、合作学习等学习方式之间的差异，也体现不出教师在课堂教学时间段内的有效作用。当然，群文阅读教学中强调的单位时间可能是一节课，也可能是两到三节课，这取决于文本的数量和议题的难度。也只有强调了“单位时间”这一概念，才能体现出群文阅读教学这一基于课堂教学变革的基本特性。

二、群文阅读教学的价值

在现今单篇阅读教学已经很成熟的情况下，为什么要提倡并实践群文阅读教学？从阅读教学的角度来看，群文阅读教学是对单篇阅读教学的一种补充和丰富，两者是相辅相成且各有特点的，所以群文阅读教学的价值与意义必须是单篇阅读教学无法实现的。所以我们认为群文阅读教学的核心价值应该是以下几点：

（一）实现课程标准阅读量的目标

《义务教育语文课程标准（2011 年版）》（以下简称《课程标准》）要求“扩大阅读面，增加阅读量，提高阅读品味……多读书，好读书，读好书，读整本的书”，“九年课外阅读总量应在 400 万字以上”，其中小学低段、中段、高段的课外阅读量不得少于 5 万字、40 万字和 100 万字[5]。但依据当下小学语文教材来看，以 12 册教材平均每篇课文 500 字计，六年下来学生的阅读总量约有 15 万字～20 万字，若再没有足够强度的课内外阅读量，那么我们培养出来的学生是无法满足《课程标准》提出的要求的。对此，有些学校为了能够实现课外阅读量的目标，提出了诸如“海量阅读”等多种阅读方式。诚然，这些课外阅读措施的提出确实能够增加学生的阅读量，但质的方面是否能够保证？让学生在课外时间内无引导性、无目的性地阅读，其效果远远不如在课堂内以教师指导的方式展开有目的性的、有引导性的阅读。以当下各地践行的群文阅读教学为例，每节课让学生读 5~6 篇文章，每篇文章以 500 字计，一节课学生可以阅读 2500~3000 字的文章，一学年中每周（一学年按 28 周计）若有两节群文阅读课，学生阅读量可达到 168000 字，这将远远超过语文课程标准要求的阅读量。同时，加之以教师的合理选文、有效议题等辅助，不仅量上达到目标，质上也能够得到保证。

（二）满足现实生活阅读的需求

当下是一个信息量爆炸的时代，每天都会不断产生各种各样的信息，这就迫使我们要有快速浏览、搜集、提取、凝练信息的能力，尤其是面对诸如说明书、导览图等各种非连续性信息的时候。为了能够培养学生的这一生活能力，《课程标准》中明确提出要学生学会略读和浏览，小学高段要能够“阅读简单的非连续性文本，能从图文等组合材料中找出有价值的信息”，初中要“每分钟不少于 500 字”，“阅读由多种材料组合、较为复杂的非连续性文本，能领会文本的意思，得出有意义的结论”[6]。尽管我们的生活需求及课程标准都提出了符合日常生活的阅读能力目标，但学校里对学生阅读能力的培养依然呈现出慢、精、少、碎的特点，这就导致语文阅读教学与生活需求中那些跳跃性、穿插性、网络状的阅读相背离。群文阅读教学的出现正好改变了这一阅读教学现状，它通过对真实阅读状况的模拟，满足了现实生活阅读的需求，让学生在大量的非连续性文本的阅读过程中自己搜集、提炼文本的精髓要义，锻炼学生的默读、略读和浏览能力，提升学生的阅读速度，最终练就在社会迅速变化过程中处理大量信息的能力。此外，从实战角度来看，群文阅读教学也会提高学生的阅读速度和理解能力，使学生在语文考试中不落下风。温儒敏在谈高考语文改革方向时曾经指出，在高考中“个别语文试卷的题量猛增，特别是阅读题，有 15%~20% 的考生是做不完的”，“阅读题中‘非连续性文本’肯定会成为‘新宠’，而且分值不低”[7]。所以，从考试这一功利性的角度出发，群文阅读教学也具有很重要的现实价值。

（三）改变部分教师的教学习性

从 1917 年陶行知提出将“教授法”改变为“教学法”，我们的教学方法变革已近百年。但事实上，在当下的课堂教学中，教授法依然有很大的影响力。在语文课堂教学中，我们依然存在着诸多问题，如教师的引导性话语太多，目标指向性太强，问题设计过多且过于琐碎等等。对于这一现象，《课程标准》予以了重视，强调“教师应加强对学生阅读的指导、引领和点拨，但不应以教师的分析来代替学生的阅读实践，不应以模式化的解读来代替学生的体验和思考”[8]。但理论与实践之间的鸿沟该如何弥补？群文阅读教学的适时出现解决了这一难题，它以其多文本、单位时间的特性迫使语文教师不得不放弃课堂中过多的问题、过多的引导性话语，将课堂还给学生，让学生自己“感受、理解、欣赏和评价”[9]，从而彻底改变教师的教学习性。不仅如此，群文阅读教学由于对教师阅读数量、议题设计质量有着非常高的要求，这也倒逼教师不断阅读，在海量阅读中寻找合适的议题、有效的阅读策略及表达特点，从而提升教师的内涵。

（四）提升学生的阅读思辨力

阅读教学实际上应该更多地教学生阅读策略，教学生在阅读过程中学会发现，教学生学会表达。但无论是在阅读中教策略、教发现还是教表达，本质上来看都是提升学生的阅读思辨能力，鼓励学生在阅读中理解、质疑和发现。相较于单篇阅读教学过于强调字词的识记、感情的酝酿这些特点，群文阅读教学中教师应较少关注字词知识点的讲授、有感情地朗读等教学内容，而应该鼓励学生自己在阅读的过程中学会质疑、学会思考、学会总结，“考察学生阅读过程中的感受、体验和理解”[10]。如教师想帮助学生掌握小小说的表达特点——出乎意料又在情理之中的结尾，仅仅通过一篇小小说的阅读教学是很难让学生理解的，但如果将四五篇小小说统整在一起，学生通过自我思考就能够感悟出小小说的表达特色。这种诸如求同、存异、整合、判断等能力的培养显然是单篇阅读教学很难做到的。此外，在群文阅读教学的过程中，教师不追求统一标准的答案，给了学生充分的思维跳跃空间，也有助于学生思辨能力的不断提升。

三、群文阅读教学的实践路径

在厘清群文阅读教学的概念及价值之后，我们再来谈谈教师该如何在课堂中实施群文阅读教学。在群文阅读教学过程中，教师是策划者、引导者，其工作应分为两个部分，一是如何构建群文，二是日常教学中该如何操作。

（一）教师该如何构建群文

群文构建是实施群文阅读教学的关键，在构建过程中，教师必须要明确以下三点：确定议题、选择文章、设计问题。

1. 确定议题

群文阅读教学中的选文可以根据某一个议题组合在一起。比如以“作家”作为议题，将老舍的文章放在一起，学生阅读后可以了解老舍的写作风格，如此这般学生就可以走近其他作家；比如以“体裁”作为议题，将世界各地的创世神话组合在一起，学生就能了解神话的特点，如此这般学生就可以了解童话、民间故事、诗歌、小说；比如以“观点”作为议题，将报道多吃维生素 C 的好处和坏处的几篇文章放在一起，学生读完以后就会自我发问、重读、辨析，如此这般学生就能够在社会诸多信息中努力辨别真假；比如以“表达形式”作为议题，将相似的童话放在一起，学生就会发现很多童话都是“反复结构”的，主人公遇到三次困难，发生三次变化，交换三次物品，如此这般学生就会发现写作的技巧；比如以“人文主题”作为议题，将“友情”的诗歌文章放在一起，学生就会思考“我们为什么需要朋友”“真正的友谊是怎样的”，如此这般学生就会在群文阅读中思考各种友情问题；比如将“阅读策略”作为议题，如将《渔歌子》《黄鹤楼送孟浩然之广陵》《面朝大海，春暖花开》等诗歌放在一起阅读，这些毫无相关的诗歌会教学生“抓住诗歌里的矛盾读懂诗歌”这一阅读策略。

2. 选择文章

文章选择覆盖面要广，尽量包含不同文类的文本，包括各种文学类文本，如神话、寓言等，或获取和使用信息的实用性文本，如新闻报道、说明书，还可以有形象直观的有声图像，如纪录片、电影等。选文应保持原貌，不作修改。

这里需要强调的是，选文中最重要的是互文性。法国符号学家朱丽娅·克里斯蒂娃认为：“任何作品的本文都像许多行文的镶嵌品那样构成的，任何本文都是其他本文的吸收和转化。”[11]在其看来，任何文本都是不自足的，其意义产生于跟其他文本交互参照、交互指涉的过程。那么怎样的一组文章，互文性是比较强的呢？以“友情”为例，中国台湾地区教师曾编选过一组“友情”群诗，在选文时反复斟酌，最终确定了四首诗歌：《赠汪伦》《阿贵只有九岁》《等待》《打过架那天的夕阳》。之所以是这四首，是因为《赠汪伦》是生离的友谊，《阿贵只有九岁》则是死别的场景，《打过架那天的夕阳》讲述了朋友间的矛盾烦恼，《等待》则体现了朋友之间的深情相通。以例可见，教师在选择互文性较强的文本时，需要考虑三点：一是文本能够形成强大的矛盾张力，不同观点的文本造成的认知冲突将会激发起学生强烈的好奇心和探知欲以及辨析的冲动；二是要有明显整合的效果，文本的风格差异很大，互补性很强，整合效果就会好过风格类似的文本组合；三是便于发现规律，我们要让学生在较短的时间内经历、体验较高水平的研究性阅读，让孩子发现一些规律，就要在一个议题下选择有明显异同点的文章，方便学生发现文本的内在规律。

3. 设计问题

问题的合理性是群文阅读教学中很重要的动力源泉。合理的问题设计有三点要求：

（1）要提解答域宽的问题。传统语文教学很少带动学生思考，要么是无限认同作者的观点，要么是无限认同教参的观点，教师的课堂提问，大都有简单固定的答案。群文阅读教学提倡提解答域宽的问题，没有标准答案，鼓励孩子有依据地说出自己的想法与观点。

（2）要对多篇文章共同发问。教师应学会针对多篇文章的异同点提问，而不是将群文提问演变成多个单篇提问。例如我们把几篇小小说放在一起，就可以问：这些小小说有什么共同点？怎样的小说可以称为小小说？再如我们把写父母之爱的文章《九十九分的苦恼》《“精彩极了”和“糟糕透了”》《洋娃娃，四十分》《读家书，想傅雷》放在一起，爱的方式各不相同，有的慈祥，有的严厉，但我们可以问：透过这些表象，我们发现它们的共同之处了吗？

（3）尝试通过阅读单来呈现问题。群文阅读教学，往往会用阅读单进行问题设计，将多篇文章多个话题元素融在一张表格或是一张图表上，大容量、大板块地进行讨论梳理，避免提问过多过杂，一目了然，又可以形成比较式的阅读，从而帮助学生理清问题脉络。

（二）日常教学中该如何操作

在日常教学过程中，我们梳理出三种操作方式：一篇带多篇、课内多篇、课外多篇。

1. 一篇带多篇

一篇带多篇是借助教科书中的课文，引申出一组文章供学生阅读思考，一般需要两个课时。教科书中的文章以精读方式学习，引申的多篇文章以略读、泛读方式学习。如人教版五下的《桥》，第一课时精读可以让学生学得细一些、深一些，那么第二课时则可以选择有共同点的文章如《在柏林》《窗》《雪夜》《最后一只乌鸦的最后一句坏话》，通过这些不同国家的小小说阅读，让学生自己去发现它们的共性：小小说最大的特点是出人意料而又在情理之中的结局。又如人教版五上的《学会看病》，我们则可以第一课时让学生比较阅读《学会看病》和《剥豆》，通过这两篇相似度极高的文章，让学生体会作者毕淑敏内心的矛盾、困惑和纠结，一方面想要儿子独立一方面又舍不得、不放心。第二课时则采取精读方式，带着学生细致分析毕淑敏是如何描写人物的心理活动的。

2. 课内多篇

课内多篇是对现有教材的一种改进。由于对目前教材各单元内文章的互文性不太满意但又受制于考试制度，我们考虑对现有教材进行一定范围的重新组合，毕竟只有基于现行教材的教学方法变革才是最有生命力和推广力的。为此，我们曾对人教版六年级上册教科书做过一定的改编，但考虑到大多数老师并无足够的时间和精力对教材进行改编，故而我们也从现实出发，以现行教材为蓝本进行课内多篇教学。下面以人教版五年级上册第一单元教学为例，说明操作顺序：

第一步：精读课文教学（4 课时左右）

《窃读记》教学（2 课时）

《走遍天下书为侣》教学（2 课时）

第二步：群文教学（2 课时）

教学线索：文章的表达侧重点

（1）读 4 篇文章，思考：这四篇文章有什么共同点？

这一组文章都跟读书有关。

（2）读 4 篇文章，思考：这四篇文章有没有细微的差异呢？

《窃读记》：侧重讲述“阅读兴趣”——文章中的主人公爱阅读

《小苗和大树的对话》：侧重介绍“阅读建议”——季羡林介绍一个人小时候应该读哪些书

《走遍天下书为侣》：侧重介绍“阅读方法”——如何反复读一本书

《我的“长生果”》：侧重介绍“阅读意义”——“我”读书后的成长

（3）围绕每篇文章的侧重点梳理、验证。

《窃读记》：找出文章中的三个细节证明主人公爱阅读

《小苗和大树的对话》：梳理出季羡林的“阅读建议”

《走遍天下书为侣》：梳理总结出反复读一本书的方法

《我的“长生果”》：概括作者介绍的“阅读意义”

（4）回忆，讨论：读了这四篇文章后，关于阅读有哪些收获？

一篇文章要有自己表达的侧重点，结合四篇文章谈谈自己的看法。

（在这 2 课时里，这 4 篇文章是作为一个整体进行教学的。学生在课堂上主要阅读方式是默读和浏览，主要学习方式是合作与讨论。）

3. 课外多篇

当然，我们也可以选择脱离现有教材，在课外做一些更实用的、有创造力的议题。这类议题我们建议尽可能避开教科书中最为常见的人文类议题，而是选择如表达类的、阅读策略类的、思考类的议题，进一步拓宽学生的思维。下面以中国台湾地区的一个课外群文阅读教学举例：

探讨“愿望”的实现和后果

1. 教学目标：协助学生了解故事人物的目标和需求，并且练习运用自己的准则作比较和分析。

2. 阅读任务：替故事中的人物许愿，并且探讨达成愿望的难易度，思考愿望实现的各种后果。

3. 文本选择：有明显愿望的童诗；有愿望讯息的绘本故事；有表现大爱、造福人群的故事。

4. 活动流程

（1）教师带领学生阅读简单的童诗，找出诗中的愿望或推论出诗人的愿望，并讨论达成愿望的难易度。

（2）教师借助课文示范代替书中人物许愿。

（3）提供深浅不同、有故事性的绘本给学生自由选读，并在书本里故事进展约 2/3 的位置放一张便利贴，让学生读到有便利贴的一页，就在该页替书中的任何一个角色许愿。

（4）三四个学生一组，各人所阅读的文本不同，但是任务相同，合作完成一张整理资料的海报，如：我们读的故事、我们写的愿望、谁在许愿、他的愿望达成了吗、他得到了哪些帮忙、他遇到了哪些阻力。

（5）小组成员讨论且以愿望难易度为标准，从一个▲到三个▲不等打分。

（6）成员讨论：愿望受益者是谁？自己受益一颗★，多人受益两颗★，众人受益三颗★。

（7）再次讨论：愿望是否会给某些人带来伤害？愿望如何能够做到皆大欢喜？

在这次群文阅读教学中，学生学习了从不同角度来检视“愿望”，学习到用抽象的准则来了解一件较具体的事物。抽象准则的获得，是读一篇文章不容易做到的，采用多文本来寻找共同点，能协助学生建立抽象标准。因此，合理避开教材，群文阅读教学的设计者在选文上的自由度会大很多，效果也会有很大的提升。

参考文献：

[1] 赵镜中. 从“教课文”到“教阅读”[J]. 小学语文教师，2010(5):17.

[2] 蒋军晶. 语文课上更重要的事——关于单篇到“群文”的新思考[J]. 人民教育，2012(12):30.

[3] 李晋. “结构化”文学阅读策略——评伊格尔顿的《文学事件》[J]. 外国文学，2013(2):151.

[4]（英）卡尔·波普尔. 通过知识获得解放——波普尔关于哲学历史与艺术的讲演和论文集（范景中、李本证译）[M]. 中国美术学院出版社，1996:2.

[5][6][8][9][10] 中华人民共和国教育部. 义务教育语文课程标准（2011 年版）[S]. 北京：北京师范大学出版社，2012.

[7] 温儒敏. 高考语文改革的走向分析及建议[N]. 光明日报，2014-3-18(15).

[11]（法）朱丽娅·克里斯蒂娃. 符号学：意义分析研究[A]. 朱立元. 现代西方美学史[M]. 上海：上海文艺出版社，1993:947.

◎本文刊发于《南京晓庄学院学报》2016 年第 1 期。

群文阅读教学的三个问题

南京晓庄学院　刘大伟

摘　要：群文阅读教学目前存在着概念内涵外延界定不清、与单篇阅读教学关系辨析不清、多篇文章如何选择这三个主要问题。概念上要辨析清群文阅读教学与群文阅读之间的差异；群文阅读教学与单篇阅读教学之间存在着教学目标、教学方法、教学内容之间的差异；选文上要注意多篇文章之间的互文性。

关键词：群文阅读教学；概念；单篇阅读教学；互文性

近年来，群文阅读教学开始成为中小学语文阅读教学的一种新方法，在全国各地形成了一定的影响力。追溯群文阅读教学的历史，最早提出“群文”这一概念的当属中国台湾地区小学语文教育学会会长赵镜中，他在2010年提出多个文本结合的阅读教学方式[1]。随后，部分大陆名师开始在课堂教学中实践这一理念并开始逐步推广。经过数年的推广传播，群文阅读教学已经初具规模，在国内众多阅读教学方法中占有一席之地。但透过群文阅读教学的热潮我们还需冷静反思其背后的不足，厘清理论与实践的思路，才能促进这一教学方法进一步良好发展。

一、概念的内涵外延再界定

群文阅读教学作为新生事物，其概念的明确是首要任务。这不仅可以帮助中小学教师厘清其概念的内涵与外延，而且可以使他们明辨其与其他阅读教学方法的不同之处，以便在教学工作中予以区分。根据CNKI中国知网搜索显示，“群文阅读”最早有料可循是在2011年底，次年的《教学月刊小学版（语文）》相继发表了4篇群文阅读教学文章。以“群文阅读”为关键词搜索，2014—2015

年其已经成为了研究热门，有数百篇文章发表。五年来，尽管群文阅读教学在教学与研究两个领域都呈现出越来越火热的程度，但翻遍这段时间的文章，几乎找不出对其作出学理性界定的文章。这就导致群文阅读教学始终是一个模糊的概念，一线中小学教师在学习解读这一概念时会产生各种各样的分歧，不利于群文阅读教学的进一步深入研究和推广。

群文阅读教学的概念包含三个层面，一是群文，二是群文阅读，三是群文阅读教学。“群文”显然是可以直接从字面理解的，即多篇文章或成群组的文章。“群文阅读”目前引用较多的是于泽元等人的定义：“围绕着一个或多个议题选择一组文章，而后教师和学生围绕议题展开阅读和集体建构，最终达成共识的过程”[2]。在研判前人的成果之后，笔者与蒋军晶认为“群文阅读教学”是指“在单位时间内，围绕一个议题，选择多个文本进行教与学的活动”[3]，这其中多文本、议题、教与学和单位时间是核心四要素，缺一不可。

笔者之所以要对于泽元等人的定义产生不同意见并重新定义，是因为笔者反复思考后觉得其定义相当模糊，会产生歧义。“群文阅读”和“群文阅读教学”是内涵与外延差别甚大的两个概念。阅读多篇文章就是一个群文阅读的过程，如师生阅读多篇论文、工程师阅读多个图稿、读者阅读多份报纸都是群文阅读，所以说，“群文阅读”这一概念的范围非常广泛，所有阅读多份文稿（包括纸质文稿、影像文稿）的行为都可以称之为“群文阅读”。从这个角度来说，于泽元等人对“群文阅读”的定义显然是不合理的。而产生这种不合理的根本原因，是其混淆了群文阅读和群文阅读教学的区别，将广义的群文阅读行为狭义化为群文阅读教学。至于两者的关系，可参见下图。

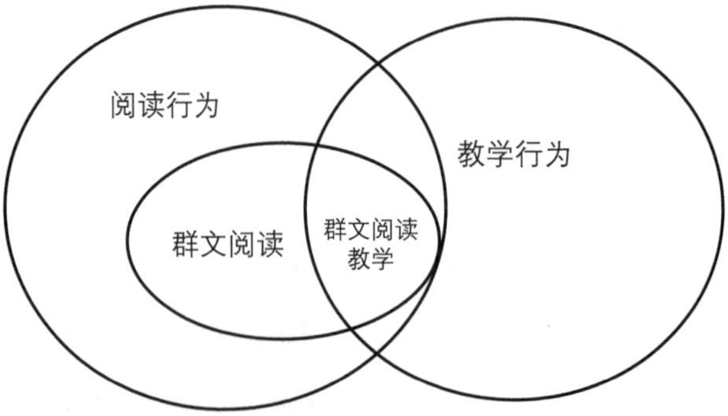

其次，于泽元等人的定义中强调一个达成共识的过程，这也是值得探讨的。之所以提倡群文阅读教学，其本意就是通过群文阅读过程中教师的引导，发展学生思维的多元性，实现生成性教学目标和表现性教学目标。

生成性目标源自杜威的“教育即生长”理念，强调教育目标不应该是预先设定的，而是教育经验的结果，伴随着教学活动的开展，不断生成新的目标，不断形成新的主题，同时学生的认识和经验不断加深[4]。而表现性目标的实施过程中，教师仅仅规定学生必须参加的活动，无需精确规定学生在活动中得到什么，“表现目标是唤起性的，而非规定性的，意在成为一个主题，学生围绕它可以运用原来学到的知识技能，并且通过它得以扩展和拓深，同时赋予它个人特点。”[5]群文阅读教学的出现，本意就是在反思单篇阅读教学统一标准答案的不足，希望借助这一教学方法改变以教科书、教参为统一标准答案的格局，给学生更多的思考发展空间，所以于泽元等提出“达成共识”是很值得商榷的。故而笔者认为，在群文阅读的议题结果上，我们不应该给学生定下明确的目标，即所谓的“达成共识”。学生只要在议题讨论的过程中实现了思维方式的多元、思维能力的拓展、思维结果的丰富，那么议题讨论的结果并不是最重要的，讨论的过程才是群文阅读教学的核心。

基于以上的想法，结合日常的教学实践，我们经过反复商讨后对群文阅读教学下了一个定义，意在突出其“教与学”的特点和实现学生表现性与生成性的教学目标。此举也希望能够厘清“群文阅读教学”概念的外延与内涵，明确其教学目标，以助中小学教师的日常教学实践。

二、单篇阅读教学和群文阅读教学的比照

正由于当前的单篇阅读教学存在着诸多不足，目前语文界才考量新的教学法，才出现了群文阅读教学这一阅读教学法。那么这两者的关系究竟如何，显然目前少有系统性研究成果。就两者的关系，笔者认为，单篇阅读教学依旧是当前语文阅读教学的主体，是实现语文课程标准中教学目标的最主要途径；群文阅读教学是辅助，弥补单篇阅读教学在精读、细读以外不能完成的略读、泛读等教学目标。但目前中小学语文界出现了一种偏差，即将群文阅读教学视作解决当前语文

阅读教学弊端的万世良方，在对群文阅读教学还是一知半解的情况下，就以“行政式”“运动式”的方法大力推广群文阅读教学，一些公开课以群文阅读教学的方式呈现。以上情况显然是没有将群文阅读教学与单篇阅读教学进行比照，对两者的关系没有一个明确的定位。在对教学目标、教学方法、教学手段、教学组织形式、教学评价几个环节进行对比后笔者发现，这两种阅读教学法最大的区别在于教学目标、教学方法、教学内容。

在教学目标方面，借助布卢姆的教学目标分类学可以发现，单篇阅读教学关注点着重于学生对文本的识记、理解、运用层面，加之以教师的分析、综合和评价。这里并不是说学生在阅读过程中没有分析、综合、评价环节，而是这些环节中学生的主动性发挥较低，多以教参或教师分析为主。而群文阅读教学更多着眼于分析、综合和评价环节，在课堂中几乎不或很少关注基本知识的识记理解环节。换句话说，就培养学生核心素养来看，单篇阅读教学着重关注学生基本知识和基本技能的培养，群文阅读教学着重关注基本能力的培养。在教学方法层面，严格意义上来说，两者在教学方法方面是相互渗透的，但一定要作比较的话，单篇阅读教学较多以讲授法、读书指导法方式呈现，群文阅读教学多以谈话法、讨论法、读书指导法为主。单篇阅读教学教师作为主导掌握了课堂主要话语权，而群文阅读教学突出学生对问题的思考讨论。正因为教学方法的不同，所以蒋军晶在上完“创世神话”后才有老师表示这样的课堂异常“冷清”[6]。在教学内容方面，单篇阅读教学遵从《课程标准》要求，以教科书为主，侧重于“识字与写字”“阅读”“写作”“口语交际”，强调斟词酌句、有感情地朗读课文等，而群文阅读教学侧重于阅读能力和阅读策略方面，所以它的教学内容不仅包含了教科书相关知识，还在一定程度上超越了教科书教学内容，实现了“一篇带多篇”“课内带课外”“课内多篇”的内容变化。

三、“群文”的选择要求

群文阅读教学是基于多篇文章的阅读教学模式，那么多篇文章的遴选是实现教学目标、保障教学效果的关键。但囿于群文阅读教学研究的不足，目前暂未出现如何选择群文的成果，这就造成一线中小学教师在群文选择方面出现了困难。依据什么标准选择群文，如何选择，成了群文阅读教学进一步深入推广的障碍。

群文阅读教学分为三个环节：确定议题、选择文章、设计问题，选择文章不过是其中的一个环节，但文章选择的好次对于一节课的成败有着决定性因素，它充分考验了教师的阅读量、教育理念和阅读品味。在文本选择的过程中，要尽可能涵盖多种文本类型，如神话、寓言、童话、小说、诗歌、散文等；也可以是生活中的实用性文本，如说明书、报纸新闻、广告等；还可以是有声图像，如电视电影片段等等。只有进一步扩大选文的范围，才能够扩大学生的阅读视野，增加阅读总量，以帮助其在不同类型的阅读中提升阅读分析能力。在确定了选文类型之后，下一步需要考虑的是选文的互文性。什么是互文性？这一概念由 20 世纪 60 年代法国学者朱丽娅・克里斯蒂娃提出，她表示："任何作品的本文都像许多行文的镶嵌品那样构成的，任何本文都是其他本文的吸收和转化。"[7]在其看来，任何文本都是不自足的，其意义产生于跟其他文本交互参照、交互指涉的过程中。随后，罗兰・巴尔特、德里达等人在其基础上进一步对互文性进行了研究，考察了文本内外身份、主体、意义等环节。简而言之，"狭义的互文性指一个文学文本与其他文学文本之间可论证的互涉关系……广义的互文性指任何文本与赋予该文本意义的知识、符码和表意实践之间的互涉关系"[8]。但广义的互文性概念会造成"一切皆互文"的困境，所以朱丽娅・克里斯蒂娃强调，互文性一定要严格限制在文学文本等方面才便于理解[9]。

在明确了"互文性"的基本概念之后，我们在群文选择时就要充分考虑到文本之间的相互指涉。首先，文本与文本之间一定要有冲突性和强大的张力，激发学生从冲突性极强的多文本中探究内在联系和区别。其次，文本选择要注意有互补性，不同风格差异的互补强于风格类似的文本。第三，文本之间的内在规律要便于学生在较短时间内通过阅读发现。在结合上述三点之后，我们选择的文本才会有互文性，才会对学生产生浓厚的吸引力，达到既定的教学目标。以笔者常举的"友情"选文为例，友情既有生离的友情，亦有死别的友情，还有儿童之间矛盾后和好的友情，也有朋友之间的相互沟通方法。这些互有指涉且风格互相不同的文章组合，会让学生产生探究的兴趣，在阅读中了解友情的不同层面，从而掌握何谓友情。

四、小结

以上三点问题仅仅是笔者迄今思考的部分成果。当然，群文阅读教学还有更多的问题有待于我们进一步展开阐述，如“群文阅读课程”这一提法是否合适？群文阅读教学的研究队伍如何从草根走向高校，以吸引更多的高校学者投入到理论建设中来？小学低段开展群文阅读教学是否合适？群文阅读教学与主题阅读教学、海量阅读教学的差异性何在？无论如何，群文阅读教学毕竟还是一个新生事物，我们的研究者和实践者任重而道远。

参考文献：

[1] 赵镜中. 从“教课文”到“教阅读”[J]. 小学语文教师，2010(5):17.

[2] 于泽元等. 群文阅读：从形式变化到理念变革[J]. 中国教育学刊，2013(6):62-66.

[3] 刘大伟，蒋军晶. 群文阅读教学：概念、价值及实践路径[J]. 南京晓庄学院学报，2016(1):33-37.

[4] 王本陆. 课程与教学论（第2版）[M]. 北京：高等教育出版社，2009:64-65.

[5] 丛立新. 课程论问题[M]. 北京：教育科学出版社，2000:28.

[6] 蒋军晶. 语文课上更重要的事——关于单篇到“群文”的新思考[J]. 人民教育，2012(12):30.

[7] (法)朱丽娅·克里斯蒂娃. 符号学：意义分析研究[A]. 朱立元. 现代西方美学史[M]. 上海：上海文艺出版社，1993:947.

[8][9] 李玉平. 互文性新论[J]. 南开学报（哲学社会科学版），2006(3):111-117.

◎本文刊发于《教学与管理》2016年第31期。

群文阅读还是单篇阅读？
——论两种教学模式的比较

南京晓庄学院　刘大伟，苏州工业园区跨塘实验小学　张兰

摘　要：群文阅读教学和单篇阅读教学在组合模式、教学目标、教学内容、教学评价和教学价值方面存在着一定的差异。结合课程标准对两种阅读教学法进行比较后发现，群文阅读教学是单篇阅读教学的有效补充。

关键词：群文阅读教学；单篇阅读教学；比较

群文阅读教学是近年来在语文阅读教学领域出现的一种全新阅读教学法，是指“在单位时间内，围绕一个议题，选择多个文本进行教与学的活动”，“是对单篇阅读教学的一种补充和丰富”[1]。从群文阅读教学和单篇阅读教学的关系来看，笔者曾指出，“单篇阅读教学依旧是当前语文阅读教学的主体，是实现语文课程标准中教学目标的最主要途径；群文阅读教学是辅助，弥补单篇阅读教学在精读、细读以外不能完成的略读、泛读等教学目标。”[2]但目前很少有文章探讨群文阅读教学和单篇阅读教学的异同，因此笔者就这一问题从以下几点进行了探讨。

一、组合模式的异同

从文章的组合模式来看，单篇阅读教学与群文阅读教学的差异在于，一种是个体的独立存在，一种是以议题方式呈现。

以苏教版教材为例，单篇阅读的课文是按照单元进行划分的。以苏教版三年级下册的第一单元来说，《长城与运河》《美丽的南沙群岛》《庐山的云雾》大致可以归纳为“感受自然，赞美自然”的主题；再如该册的第三单元，《菩萨兵》《李广射虎》《少年王勃》《大作家的小老师》这四篇课文虽然涵盖了古今中外

的不同人物，但是都是以“人”为主题的。也就是说，单篇阅读所在的那个单元是存在内部联系的，但就单篇个体而言，仅仅是一篇文章的呈现及相关知识点的学习拓展。群文阅读教学则不同，它不是将文章的内部联系放大至长达一个单元的教学时间（一单元教学时间可能长达两三个星期），而是将多篇议题同一的文章组合到一节课内。如蒋军晶的“创世神话”一课，就是以“体裁”作为议题，通过阅读《关于宇宙的爆炸》这篇科普文章，将中外各国的六篇创世神话《诸神创世》《盘古开天地》《巨人伊密尔》《淤能棋吕岛》《阿胡拉·马慈达》《始祖大梵天》组合到一起，让学生在阅读中感悟不同国家创世神话的异同。

仅就组合方式来看，这两种阅读方式各有利弊。单篇阅读教学所学习的课文都是经过教育专家严格审查、修改过的，教育的目的性更强。虽然每一个单元没有明确的主题，但是仔细推敲课文内部还是有联系的，但这一点并没有在教学中体现出来。也就是说，单篇阅读教学在知识点学习、基本能力拓展等学习素养培养方面是必不可缺的。而群文阅读教学是通过一个议题将分散的文章进行组合，那么该如何“群”，这就需要教师拥有较高的语文素养、广博的知识体系、开阔的阅读视野以及选择文章的品味等等。对于一线教师来讲这是一种挑战，一着不慎，可能这堂课的努力都付诸东流。

二、教学目标的异同

教学目标的异同应该是这两种阅读教学方法的显著差异。就传统的单篇阅读教学来说，其更注重“有感情地朗读课文”“理解词句的意思”“把握文章的主要内容”[3]等目标，追求对课文斟词酌句、精讲细读，综合地学习识字、写字、阅读、写作等内容，不仅注重学生对知识的掌握能力，更在于使学生养成良好的学习方法以及培养学生积极的情感态度与价值观。反观群文阅读教学，其教学目标在于“默读有一定速度”“学习浏览，扩大知识面，根据需要搜集信息”“在交流与讨论中，敢于提出看法，作出自己的判断”[4]，所以在教学过程中不再强调对字词句篇的精读讲解，反而是注重阅读过程、阅读方法和阅读策略等。下面仅以群文阅读教学的“创世神话”（蒋军晶执教）和单篇阅读教学的《盘古开天地》（张祖庆执教）为例，结合教学实例分析两者异同。

“创世神话”教学实例：

1. 听故事《盘古开天地》，让学生说说创世神话产生的原因。

2. 阅读中国、蒙古、日本的创世神话并相互比较。

（1）让学生判断所阅读的神话是哪个国家的，并说明理由。

（2）基于地域元素、地域特色，让学生思考冰岛的创世神话是怎样的。

（3）借助教师引导，学生总结《盘古开天地》的民族元素和特色。

3. 阅读中国、罗马、印度的创世神话并相互比较。

（1）让学生找出不同地域的创世神话有什么共同点。

（2）解决这两个问题：为什么不同地域、不同民族之间的创世神话会有这么多共同点？为什么不同地域、不同民族的原始人都觉得原始世界像个蛋呢？

《盘古开天地》教学实例：

知识技能层面：学会 10 个生字，重点学习“混沌、清浊、血液、滋润”这几个词语：

张：请同学们认真地看屏幕上的这组词语，它们有什么特点？你发现了没有？

生：都是有三点水。

张：嗯，很会观察，那么想想“混沌”这个词语，在课文里边是什么意思？

生：就是什么都看不清楚，分不清楚什么和什么。

朗读课文层面：

张：打开语文书，把课文通读一遍，注意读得准确、通顺，有难度的句子多读几遍。

张：你们想想看，温柔的风慢慢地迎面吹来，美丽的云朵悄悄地向前挪动，你们会有怎样的感动呢？再来读一读！

过程与方法层面：结合具体语境，进行语言训练：

张：课文中“辽阔的土地，一片生机。我知道，这是盘古的肌肤”，那么这段话如何扩展到宇宙呢？大家试试完成语句“（　）我知道，这是（　）。”

结合两位特级教师的课堂实录可以发现，张祖庆的课堂强调态度、情感和价值观的教育。通过对课文的精读，帮助学生感受到盘古开创天地坚持不懈、无私奉献的精神。如在教授盘古坚持不懈的精神时，张祖庆强调了“一百天、一百年、一万年、十万年、几千万年过去了”的语句，来营造盘古的坚持不懈。

尤其是在讲授盘古无私奉献的精神时，张祖庆用了小练笔的形式，让学生写一段话来赞美这位伟大的祖先，实现了由读到写的转换。可以说，他的课堂完全实现了《课程标准》中提出的“课程目标从知识与技能、过程与方法、情感态度与价值观三个方面设计”的目标，而蒋军晶的课堂则通过鼓励思考、团队合作等多种方式实现了“阅读简单的非连续性文本，能从图文等组合材料中找出有价值的信息”的目标。

三、教学内容

单篇阅读教学内容的侧重点主要在“识字与写字”“阅读”“习作”“口语交际”方面，强调斟词酌句、有感情地朗读课文等。在阅读方面，第一、第二、第三学段都特别强调“用普通话正确、流利、有感情地朗读课文”，通过教师逐字阅读、朗读和美读，针对不同年级采用不同的阅读方式。群文阅读教学内容的侧重点主要在“阅读”“阅读策略”两个方面，就阅读而言，群文阅读强调以学生的默读为主，不太强调大声朗读，重视培养学生的跳读、略读能力。群文通常由三篇或者三篇以上的文章组成，这大大地增加了学生的阅读量，所以学生需要有更好的阅读策略来应对，所以在提升阅读速度外，还需要辅之以其他的阅读策略，如筛选信息、提取信息、记忆、比较、分析、判断、整合等等。

所以在教学的内容方面，单篇阅读教学体现出了语文的综合性，培养学生听说读写的能力。群文阅读教学则更侧重于实践性，让学生在课前主动设计要讨论的问题，或是在课堂上自己提出问题，说出自己的经验，并不存在固定的答案，学生的主体性大大提升了，它是一种自主探究的学习方式，教师主要起策划和引导的作用。

四、教学评价

单篇阅读教学采用的是作业、小练习或者考试来测量上课的效果。正如目前大多数的班级教学一样，一般在课前有前置任务单，在上课前五分钟让学生完成，课后再由教师批改，这样可以考察出学生课前预习情况。在课后，教师通过布置与当天教学内容相关的作业，帮助学生巩固强化所学知识，同时也是反馈教师教学效果的最主要依据。这一评价体系具有教育性、目的性、可观性的特点。

群文阅读教学更多测重过程性评价，多层次的群文阅读与内容同时进行，没有特定的课后作业。群文阅读教学课后没有相应的辅助作业，这就大大提高了对其课堂质量的要求。群文的课堂关注的思维方式的转变，更多的是思想的发散性，不强调固定的评价模式，所以这一教学方法的评价体系是较难把控的。

五、教学价值

单篇阅读教学遵循的原则是“阅读教学是学生、教师、教科书编者、文本之间对话的过程”[5]，其内容涵盖“识字与写字”“阅读”“习作”等内容，是对课文整体篇章结构的分析理解。叶圣陶针对单篇阅读教学曾提出了“例子”理论，他认为，“语文教本只是些例子，从青年现在或将来需要读的同类书中举出来的例子；其意是说你如果能够了解语文教本里的这些篇章，也就大概能阅读同类的书，不至于摸不着头脑。”[6]这种举一反三的功能就是教学课文和阅读其他文章的本质区别所在。

群文阅读教学的价值笔者想从两方面进行阐述。首先对于教师来说，群文阅读教学的实施，对于教师来说可以算是一种更大的挑战，因为教师是整堂课的组织者，也是群文的建构者，这就需要提前根据一个议题组织类似的文章，这并非一件易事。这对于教师的阅读量是一种考验，但也成为教师不断阅读、提高阅读视野和阅读能力的无形动力。另外，群文阅读教学对教师的教学素养和教学能力也是一个挑战。一堂课中不再只有一篇课文，而是围绕几篇文章进行教学，且在课堂上也没有识字与写字、把句子读通顺、读得有感情等环节，那么这样的课堂又该如何上好，教学的重难点又该如何把握，教师就该好好思量了。只有拥有较高的语文素养和一定的语文教学能力，才能快、准、狠地把握住同议题文章中的特点，所以群文阅读教学对教师的教学素养提升起到了一种鞭策作用。其次，群文阅读教学的实施对于学生来讲具有一定的价值，最明显的表现要数大大加快了学生的阅读速度，培养了学生默读浏览的能力。另外，学生的阅读策略也在一定程度上得到提升，就拿创世神话来说，比较中国、印度、罗马的创世神话的共同点，这就属于"求同"策略，找出不同文本之间的共同点，加深认识；说说日本、中国、蒙古创世神话的区别，这就是"比异"策略，找出文本之间的差异，方便进一步追溯深层次的原因；不同地域、不同民族的创世神话为何会有诸多共同特征，这就需要"整合"策略，学生会在整合材料的过程中得到发现，解答疑惑。

总而言之，单篇阅读教学与群文阅读教学各有特点。但有一点需要强调的是，单篇阅读教学始终是阅读教学的核心方法，群文阅读教学是一种全新的补充，其目的是为了弥补单篇阅读教学难以实现《课程标准》中部分目标的缺陷。经过比较，我们可以更明确两者之间的异同，也为今后更好地实现"单篇为主，群文为辅"打下了基础。

参考文献：

[1] 刘大伟，蒋军晶．群文阅读教学：概念、价值及实践路径 [J]．南京晓庄学院学报，2016(1):33-37.

[2] 刘大伟．群文阅读教学的三个问题 [J]．教学与管理，2016(31):39-41.

[3][4][5] 中华人民共和国教育部．义务教育语文课程标准（2011年版）[S]．北京：北京师范大学出版社，2012.

[6] 王松泉．叶圣陶语文教材理论探析 [J]．课程・教材・教法，1997(5):46.

◎本文刊发于《小学语文》2017 年第 6 期。

第二章

群文阅读教学中的互文性研究

罗兰·巴尔特互文观视角下的群文阅读教学研究

南京晓庄学院 刘大伟，南京市长城小学 贾敏

摘 要：罗兰·巴尔特的互文观思想强调阅读的多元化和快乐阅读，这对群文阅读教学有一定的启发意义。以此为基点，来研究当今群文阅读教学的现状，并且探讨如何正确处理群文阅读教学中文本、学生和教师这三者的关系这一问题，以期能够对群文阅读教学提供理论上的支持和帮助。

关键词：罗兰·巴尔特；互文观；群文阅读教学

朱丽娅·克里斯蒂娃于19世纪60年代提出互文性理论的模型："任何作品的本文都像许多行文的镶嵌品那样构成的，任何本文都是其他本文的吸收和转化。"[1]罗兰·巴尔特为这一理论增加了一个派生词"互文"（intertexte 或 inter-texte）。他为"互文"下了看似不像定义的定义："互文没有别的法则，它唯一的法则就是可以被无限地重复使用。"[2]罗兰·巴尔特的互文观强调阅读的多元化和快乐性，认为一个文本诞生后"作者已死"，注重的是读者的感受。回到当下的语境来看，阅读已经成了我们当前语文教学的重中之重，特别是近年来涌现出的群文阅读教学，作为在"单位时间内，围绕一个议题，选择多个文本进行教与学的活动"[3]，它代表着"以学生为主体"、鼓励学生自己思考与探索的教育观。"群文"的文本选择需要注意文本之间的关联，对于文本的解读也不是单一的，这与罗兰·巴尔特的互文观不谋而合，因此互文理论的引入对于群文阅读教学的发展和完善将具有不可替代的价值意义。

一、罗兰·巴尔特互文观的概述

（一）前置条件："叙事"观

罗兰·巴尔特指出，世上的叙事数不胜数，处处都存在着叙事。他首先将叙

事作品分出三个描写层级：一、功能层；二、行为层；三、叙述作用层。三个层次环环相扣，层层递进，最终将一部叙事作品的内涵展现出来。

在罗兰·巴尔特的第一层次“功能”层中，他以“功能”来给叙事的最基本单位命名。也就是说，构成文本最终意义的往往就在那一个最小的意指单位中，不论长篇还是短篇叙事作品，都绝对是由这一个个功能组成。这些功能单位是有意义的，作者为了最终的目的，将它们巧妙而有机地结合在了一起。第二层次是“行为”层，罗兰·巴尔特认为，没有“人物”的单一叙事是不可能存在的，对于“人物”的解析总是与他的“行为”紧密结合的，两者是无法分离的，因此“行为”层也就相当于“人物研究”层。然而单一地从人物行为中是无法真正确定它的意义的，这一切都需要将人物行为带入到叙述中去，从文本的终极意义中探索。第三层次就是“叙述作用”层。“叙述作用”就是从叙述者的创作再到将创作的成果与读者交流的过程。叙述如果想要产生意义，仅有叙述者的存在是不够的，并且这里的叙述者和背后真正的作者并不一样。同时，罗兰·巴尔特发现过往的文学研究分析中对“读者”的忽视，所以他认为一部优秀的叙事作品不是在于它内容的新颖独特或是情节跌宕曲折，而在于能够善于利用语言这一工具与读者进行分享，这才是一个优秀叙事作品必须具备的条件。

（二）核心内涵：“文本”观

罗兰·巴尔特的“文本”观就是“互文性”的集中体现和主要内容。首先，他认同的文本不同于我们通常所说的作品。在他看来，作品是一种有实体的存在，它占据着我们空间里的一部分，文本却是一个方法论的相关。作品和文本就像法国作家雅克·拉康所说的“现实”（reality）和“真实”（the real）的对立。第二，文本没有固定的体裁，它没有任何规则。罗兰·巴尔特提出“可读之文”和“可写之文”的理论，就是分别对应了作品和文本。“可读之文”偏向已经写成的作品，仅供阅读欣赏；“可写之文”则是从读者的角度出发，写出来的内容只有在读者阅读并在其基础上加以自己的“写作”内容之后，它才得以变得完整。“可读之文”是固定的，有明确指向的，而“可写之文”则充满了灵性与未知[4]。罗兰·巴尔特区分文本与作品的最后一点就是阅读时带来的快乐问题。当我们在阅读一个已经被定性、无法随心更改的内容和阅读一个能随心而动、能使自身完全参与进去的内容时，心情是完全不同的。作为阅读者，分清文本和作品的差别，去除文本中带有叙事者影子的内容，互文性的阅读就这样产生了。

（三）思想延伸："作者"观

作品来源于作者。在解释和分析作品时，一贯的思路是这个作者为什么这样写。罗兰·巴尔特对此大有抱怨，在与雷蒙·皮卡尔的论战中，他强力攻击了这种以作者为第一要义的文学观和批评观，认为作品早就已经产生了，作者的写作不过是一种记录、再现、描绘的过程。罗兰·巴尔特强调"作者已死"是赋予读者阐释文本的自主权，他使作者死亡，但没有抛弃读者，"作者之死"换来的是"读者之生"。没有罗兰·巴尔特对叙事作品结构的透析，就没有阅读时的拆分构建和文本之间的互动交织，正因为他敢于挑战文本的"中心思想"，才有了他独特的"作者已死"的呐喊。

二、互文观视角下的群文阅读教学

罗兰·巴尔特的互文观给我们当前的语文阅读教学提供了理性的思路，特别是我们强调大范围高强度的群文阅读教学中，以互文观为切入点，才会更好地将群文阅读教学实践扎根到课堂。当然，在这一过程中，我们要注意文本的冲突性和张力、互补性以及易发现性[5]。带着上述的三个特点，借助罗兰·巴尔特的互文观理论，分析群文阅读教学中的文本、学生和教师三方面因素，有助于我们的群文阅读教学走向更好的实践。

（一）群文阅读教学中的文本

在罗兰·巴尔特的眼中，"文本"是一种无限定性的可恣意遐想的象征，它是多元的，像身体中的神经元系统，文本与文本之间同样也可以传递、交织，产生千丝万缕的联系，能够相互参照。所以从这一角度来看，群文阅读教学的文本具有以下特性：

1. 开放性的文本

群文阅读教学的选材是没有固定标准的，既没有内容的限制，也没有形式的限制，如“创世神话”是一个神话群文阅读教学课例，它选取了《关于宇宙的爆炸》、蒙古神话《诸神创世》、日本神话《淤能棋吕岛》、冰岛神话《巨人伊密尔》、中国神话《盘古开天地》五篇文本进行教学，其中《淤能棋吕岛》篇目更像是口述而来的文字，不是散文也不是诗歌，因此在选择材料进行群文阅读教学时，不应局限于文学的领域。只有持开放性的态度，文本的多样化才能让学生有更多的阅读想象空间。

2. 有张力的文本

除了需要注意文本的开放性，在选文时还需要抓住其中的张力。群文阅读教学的目的就是带领学生领略文本的不同魅力。例如“如何看待狐狸”这一课例中，选用了不同国家的关于狐狸的故事，以及人教和苏教两个不同版本语文课本中的有关狐狸的故事，从而引发学生们的思考——同为狐狸，为什么在中西方甚至不同地区的中国人眼中有不一样的角色性格呢？以下就是不同地区童话节选部分：

“你放心好啦，我会看好这个小笼子的。”看爸爸走远了，小狐狸忍不住围着小笼子左看看右看看，看了好一会儿仍然看不出有什么特别的地方，于是小狐狸丧气地往地上一坐。忽然小笼子里发出一阵声音，“这是什么声音呀？”

——西欧《好奇的小狐狸》

“就凭你也敢吃我，我可是上天的使者！”……狐狸大摇大摆地走在老虎的前面，可威风啦，森林里的小动物都吓跑了。原来啊，狐狸只不过是借了老虎的威风气势把动物们都吓跑了的。

——中国《狐假虎威》

同为狐狸，却有着不一样的性格和标签，群文的展示将狐狸原本在学生脑海中扁平刻板的形象变得丰富多彩，那么，“如何看待狐狸”就不是一个单项选择，有讨论、有思考、有批判的群文阅读就从这些文本的选择开始了。

（二）群文阅读教学中的学生

1. 一位阅读者

学生是群文阅读教学中的学习者，也是文本的阅读者。罗兰·巴尔特眼中的读者拥有至高无上的权力，读者享有文本的解释权，在群文阅读教学中的学生也该如此自由自在地享受阅读的乐趣，读出属于自己的精彩。但笔者认为罗兰·巴尔特的读者和课堂里的读者还是有所区别的，前者是为了使自身拥有阐释文本的绝对权力，他提出的“作者之死”，作为读者的自己生，夹杂着为了批判雷蒙·皮卡尔“作者至上”的私欲，读者的确不应该被原作束缚和压迫，但是解放也有一定限度。而课堂中的读者，尤其是小学初中阶段的读者，他们的思想和阅历难以达到罗兰·巴尔特的水平，所以在阅读时仍然需要教师适当引导，遵循基本的原则和指向，成为一名合格的阅读者。

2. 一名小作家

在“创世神话”课例中，学生读者们很好地把握了“度”。在对比中找出神话语言风格的民族特色，再到给出国家地域信息反推出它的创世神话故事。

从阅读文本到参与创作文本，学生们不再是单纯的作品欣赏者，而是变成了真正的读者，将文本读成了“可写之文”。课堂上的学生们变得活跃和积极，学生与教师共同讨论的议题也具有生成性，例如从发现神话都具有民族特色之后，再阅读印度等国家的创世神话，发现创世神话还具有哪些相同点，又是为什么会有如此多的相同之处的，就“原始的蛋形”引发讨论，等等，他们不是在学习文本，是转而思考更加有趣的内容了。到最后，讨论的高度就上升到“为什么还要读神话”了。相比单篇的《盘古开天地》教学设计，学生研读着课文中的一字一句，教师对字词句段的赏析精彩纷呈，学生的阅读只能说是阅完了开始抠字眼，群文阅读教学则另辟蹊径成就了一群不一样的学生，他们成为文本真正的读者，赋予文本多元的意义和开放的思路。

（三）群文阅读教学中的教师

1.“旁观”的引导者

在一般理解中，教师是课堂的传道授业解惑者，在群文阅读教学的课堂上，教师既是引导者，同时也是文本的读者。说他们是读者，是因为在接触这些文本的时候，教师自身也在进行阅读，并从阅读中有所得。说他们是引导者，是因为文本的意义是开放的，教师有自己的解读，但那不属于学生，若将自己所得强塞给学生，必然霸占了学生独立思考感悟的空间。教师仅把握大致方向，引着学生自主阅读，而生成的开放性的问题都是从学生中来的。

2. 课堂的享受者

想要让群文阅读教学的课堂精彩纷呈，教师身负重任。罗兰·巴尔特认为，文本的“愉悦”即是“漂移”。群文阅读教学中的教师需要把握充满未知和开放的课堂，这大有难度。如果将自己捆绑于如何教好群文阅读的课堂，那么只会适得其反，教师也和学生一样是读者，享受文本带来的“愉悦”，关注文本本身是根本。想让学生真正进入课堂的学习，那么教师自己就不能游离于课堂之外。教学是为了提高学生的能力，但学生不是唯一主角，教师的责任就是充分了解课堂的进程，成为课堂的一分子。

“大胆地质疑，小心地求证”，这是勉励群文阅读教学中的学生最好的一句话。群文阅读教学对于课堂中另一位主角的教师，要求不可谓不高。作为教师，爱阅读、会阅读是必需的，真正做到与学生“打成一片”，共同愉快学习，也正如罗兰·巴尔特所说，愉悦产生于摆脱一切文化的定性和规定，超出于日常的规则。如此参与到文本的筛选、文本的自由热议中，不论教师还是学生，都能真正爱上群文阅读，享受群文阅读。

参考文献：

[1]（法）朱丽娅·克里斯蒂娃.符号学：意义分析研究[A].朱立元.现代西方美学史[M].上海：上海文艺出版社，1993:947.

[2]秦海鹰.罗兰·巴尔特的互文观[J].法国研究，2008(01):3.

[3]刘大伟，蒋军晶.群文阅读教学：概念、价值及实践路径[J].南京晓庄学院学报，2016(1):33-37.

[4]（法）罗兰·巴尔特.文之悦[M].屠友祥译.上海：上海人民出版社，2002:86.

[5]刘大伟.群文阅读教学的三个问题[J].教学与管理，2016(31):39-41.

◎本文刊发于《教学与管理》2019年第27期。

群文阅读教学中的互文性研究

昆山开发区震川小学　顾琳

一、什么是互文性

1. 朱丽娅·克里斯蒂娃的文本观与互文观

互文性也称文本间性，源于西方，由符号学家朱丽娅·克里斯蒂娃在《符号学：意义分析研究》一文中提出："任何作品的本文都像许多行文的镶嵌品那样构成的，任何本文都是对其他本文的吸收和转化。"[1] 克里斯蒂娃的互文观主要分为两点。其一，"横向"与"纵向"的交叉。克里斯蒂娃在她的作品《符号学》里具体说道：互文性是基本，在研究文本时，应该考虑写作主体、接收者和外来文本这三个关键词。其二，"有现象的文本"和"生成的文本"。"生成文本"涉及能指和讲话主体的范式，讲话主体使原先由他人的价值观念和愿望构成的语言组织产生错位并得到修正。"现象文本"是文本的语法和语义的表面结构，是作为心理和历史活动较完满"形成的"文本残余。可见，克里斯蒂娃认为，文本它存在的趣味，是在和其他文本相互参照、指涉中产生。

2. 德里达的文本观与互文观

德里达观念中的"去中心"理论，反对西方哲学史以"逻各斯"为中心的传统，德里达认为文本是"分延""撒播"的，强调文字的作用。"除了文本之外，其他，什么都没有"。这句话的意思是，一篇文本的存在，并不意味着这个文本是一个终点，相反，它有更多的可能性和开放性，能包容更多的差异和不同，并且，除了这个文本本身之外，它还对其他文本的差异有所包容或融合。因此，文本这一概念，不再似传统一成不变，不再封闭，其中每个字符，都能与其他文本中的一个字符、一句话、一个段落、一个事件相呼应，它的含义由其他字符（另一个人）所决定。它只能指向其他文本，从而产生互文性的影响。

3. 伽达默尔诠释学中的文本观与互文观

伽达默尔的文本解读观主要分成效果历史意识、理解的历史性以及视域融合三大方向，而视域融合与效果历史意识是通过视域喻义得以相互调和。此外，与启蒙运动不同的对前结构与前见的理解也是他的文本观中非常重要的组成部分。

4. 现代思潮与互文观

互文观受到多种流派的影响。法国著名后现代主义理论家罗兰·巴尔特则放弃对符号文本的结构主义分析方法，在互文性的观念中，巴尔特认为文本中的任意特征，都存在某种方式使得它指向其他的、外在的文本。

二、群文阅读教学与互文性的契合

1. 当前小学语文教材中的互文现状

核阅当前各个版本的教材，单元间、单元内的互文性都不够强，篇与篇之间的联系不紧密，主题往往以“人文”为重，大而空，空了就容易虚。如苏教版语文六年级下册第二单元，“爱国”是一个永恒的主题，什么是爱国？生在和平年代如何体会战争年代和平至上的国际主义精神？即使是经验丰富的老师也无法在几次课堂上依据三篇文章支撑起如此宏大的主题，面对又空又大的主题，讨论也会变得更虚更泛，就这一单元而言，如果以主题为“战争与我们的生活”的互文性文章组合作为一个补充，就能更好地帮助学生拓展视域，并且能够引导学生联系日常理解文本主题。

2. 信息化时代与阅读要求

在信息充盈、现代文明飞速发展的当下，各个学科不断细分，各类学科知识呈几何倍增。阅读是人了解信息、掌握知识最普遍、最常见的形式，逐字逐句阅读，是无法适应知识成倍更新的现状的。有声音说默读等无声的方式不需要练习，这完全是一个片面的理解。法国教育部最早重视学生视读阅读能力的培养并且落实；苏联教育家经过长期的实验研究，得出了小学阶段阅读技能达到半自动化的量化指标，其中快速阅读技能的形成，需要整整 2000 小时以上的练习，即 6 年内每周需要约 7 小时的练习时间。

3. 从学生的角度看“互文”

互文性强的文章组合能够帮助孩子更好地凭借切合自身的认知能力去了解这个碎片化的时代。学生需要更好地掌握所学知识与内容，而不是“走马灯”式一闪而过。互文下的文章组合能够帮助学生更好地打破常规思维，最大化地发挥自身的能动作用，从一个“复制者”变成一个“创造者”。学生对文本的解读不再受到教师引导和教材解析的限制，而是由自身合作、探究、创造出对文本的新的解释，之前阅读的文本与形成的理解能够使得学生有一定的学习基础，与当前阅读的文本的碰撞是学生思维的整合过程。

4. 指向写作深度的阅读方式

当前小学生的写作现状不容乐观，就以一位中国台湾地区教师以“友谊”为议题的群文阅读教学为例，被选择的互文性联结的文章是《阿贵只有九岁》《我喜欢你》《等待》《赠汪伦》《打过架那天的夕阳》5 篇，能够让学生认识到友谊并不只限于离别见真情，而是有生离死别的友情、倾诉心声与烦恼之后建立的友情、心意相通的友情、生活中平淡却不平凡的友情等等。只有对一个主题有更深层次的积累、理解才能真正将它通过文字表达出来，而这正是探究互文性强的文章组合、进行群文阅读教学的魅力所在。

三、对运用互文性组织群文阅读教学的建议

群文阅读教学中的互文性研究，重点在利用互文性这一关系优化群文阅读教学课堂，究其目的仍然是放在推动群文阅读教学这一方面，互文性在其中扮演着一个载体和补充的角色。那么，如何运用互文性进行群文阅读教学的组织和优化，使其具有更大的实际意义？本文分成以下三个角度进行具体阐述。

（一）教师角度

1. 文章的选择

第一，互文性强的群文能够给予孩子们非常明确的提示：要能看到事物之间的关联、联结点，不能只看到零散的知识群。第二，基于文本体式与主题。选择的文章需要形成强大的矛盾张力，在矛盾张力的启发下，学生才有兴趣去探究其中的“为什么”。此外，选择的文章需要有明显的整合效果。这一种整合是指所

选择的文章之间的关联、互补，如果选择的文章都是相同的体式，读到第二篇、第三篇文章时，孩子们已经有了乏味的感觉，阅读的趣味更加无从谈及；再者，选择的文章是便于学生发现规律的文章组合。第三，基于文本阅读的方法习得。阅读立场的想法显示，读者会依据不同的阅读目的而调整阅读方法。

2. 问题的设计

群文阅读教学所起到的一个非常重要的作用就是提升学生的思考力。教师作为示范者，要提出能够鼓励孩子们深入阅读的问题，而互文性正是给问题的设计奠基。第一，要提一些解答方式、解答途径多样的问题。一组文章有多样的排列、组合、分类，没有标准、固定的答案。第二，发问时对象如果是多篇文章，要同时发问。群文阅读的最大特点即为改变了单篇阅读教学的提问方式，针对多篇文章共同提问，抓住它们之间的异同点。第三，可以尝试用阅读单、表格、图形来呈现和表征问题，能够避免提问过多、过杂、过乱。

3. 教师应提升自身的文学素养与阅读教学能力

目前阅读教学技术化倾向较严重，如何把一节课上好、上精成了大多数老师最关心的问题。许多老师对读书欲望不大，繁杂的事务也让许多老师分身乏术，更没时间静心阅读。群文阅读教学本身对教师与学生都提出了更高的要求，尤其是对教师而言。

如部编版二年级语文下册第八单元，选用了三篇课文《祖先的摇篮》《当世界年纪还小的时候》《羿射九日》，有了新教材宽泛的人文主题和语文要素双线组织阅读单元，学生语文素养的培养就会有层次、有梯度。在明确教学目标与落实教学重难点外，根据课例与课堂实施效果，这三篇课文的深度与广度显然是不够的，孩子们还需要系统、深入地探究这一单元的人文主题，这就需要群文阅读教学进行补充。本单元，在互文性理论的指导下，我进行了阅读拓展与初探：基于二年级学生的认知情况，经过我的事先阅读与筛选，我选择了《写给孩子看的世界历史》选段、《山海经》（少儿版）选段、《中外神话故事》选段、《文明的故事》选段作为文章组合，组织学生开展以“认识这个世界”为主题的群文阅读。课前设计问题单，任务驱动，小组合作阅读与汇报：

（课堂片段）

师：读了这些选段，你觉得祖先的生活是怎样的？

生：他们逗松鼠、逮蝈蝈、采蔷薇，我觉得很有趣。

生：没有东西吃，没有衣服穿，生存条件很艰苦，生活资源也有限。

生：我们现在的生活是多么美好！

师：是呀，祖先的生活是那么有趣，也是那么艰苦，因此，祖先们总是幻想着能出现有神力的英雄来帮助他们，你们知道哪些？

生：开天地的盘古。

生：造人的女娲。

生：射了九个太阳的羿。

生：尝百草的神农氏。

生：盗取火种的普罗米修斯。

师：现实生活中，真的有这样的人物吗？

生：没有，这是人们想象出来的，是幻想，所以现实中是不存在的。

师：是呀，这些故事中有神奇的人物、夸张的情节，通过想象，我们可以进入神话的世界。原来，世界的开始是这样的。

生：太阳、月亮、水和我们一样，它们都在慢慢长大呢！

师：是呀，万物都很有秩序，都在做着最简单、最容易做的事。这个故事没有结局，却有很多很多美好的开头。那后来，我们生活的这个世界怎么样了呢？

生：地球妈妈哭了，为了自己的利益，人类滥砍滥伐，还造成了严重的水污染。

生：西方国家的科技文明越来越先进，但它们的环境越来越糟糕，选段这里我看到了工业革命时期英国的天空笼罩着浓浓的烟雾。

师：你看得真仔细。习近平总书记说“绿水青山就是金山银山”，文明在发展，生态环境也要更加重视，我们要用实际行动保卫我们的地球妈妈。

（二）教材角度

1. 作者与读者的关系

不难发现，小学语文课堂几乎都是以教材为中心。教材解析所提供的方向固然是正确的，但同时也不能忽视读者（学生）的主观能动性。作者与读者两者应是相互依存、相互影响的关系，阅读活动本身是一种双边的对话活动，正如克里斯蒂娃所提出的两要素写作者（主体）和接收者（读者）之间的共存影响关系。在阅读教学中，首先，应充分尊重作者与文本，尊重教材的原创性，这是读者意识的基本要求。其次，需融入接受者和阅读者的主观能动性，融入教师与学生的主观感受与思考。要使文本有意义，就必须要有读者的介入，由学生和教师的能动性创造出新的见解，从而给文本注入新的活力。

2. 文本角度

（1）考虑先前的阅读经验与阅读期待

任何读者都有可能按照自己的期待去理解和认识一个文本，换而言之，在接触一个新文本时，已有的知识积累和关系在有形、无形中都给予了读者、学生一个已有的期待，但这不是一个终结点，教师可以引导学生列举有关材料说一说，基于先前的认知，亦可帮助学生更好地理解文本的内在意义。

（2）考虑当前阅读文本与材料时的感受

由于读者的气质、所处的环境、营造的氛围、特定的时空不同，在阅读文本时，读者对文本的感悟必然有所不同。伽达默尔的前结构与前见所给予的启发即为立足过程，立足当前的文本，要想理解，必须倾听“当时的声音”。

（3）结合思考，形成全新的、系统化的认识与看法

正如德里达所承认的关于文本的开放性，这种开放既是对作者而言，也是对读者而言。互文性中的文本与外来文本相呼应，每一篇文本都不是单独的存在，都是与其他文本进行交流的成果。在联结、对比、互补、呼应中，人们对文本的解读更系统化。

（三）学生角度

互文性指导下的群文阅读教学能够提升学生的认识和思考能力。教师不能只把学生当成知识的领受者，更要鼓励学生思考、质疑。这也是符合《课程标准》的一条要求。教师需引导学生提出自身的看法，说出真实的感受。学生拥有对文本的自主解释权，学生对于某个、某些文本的不同反应和诠释都应得到尊重。学生根据一组互文并且有逻辑关系的文章，提出问题并且自主合作、探究的过程，正是他们认知水平提升、思考能力提高的过程。此外，这种方式的群文阅读也有利于拓展课内外阅读，同时提升互文指导下的写作能力。

四、结束语

本文首先对群文阅读教学的研究现状进行了分析，以此为基础展开更深入的研究和探讨。其次，本文通过追溯西方先哲的思想渊源与主流流派，通过结合小学语文阅读教学现状进行研究，在群文阅读教学实践与经典课例中积极探索了互文性与群文阅读教学相融合的可行性方法，从教师、教材（文本）、学生三个角度进行了具体阐述，分列了多条具体措施，涉及文章的选择、问题的设计、作者与读者的关系、文本解读的观念与角度等，希望本文对于将来群文阅读教学的实施、课堂实践、小学语文阅读教学模式的改进和丰富有一定的借鉴意义。当前笔者结合所在工作单位昆山开发区震川小学校本省级课题《基于“震川文化”的无边界阅读支撑系统构建的研究》，以互文性理论下的群文阅读教学研究基础，申报了市级课题《利用班级书柜开展群文阅读的策略研究》并成功立项，试将群文阅读教学与校本课题研究相结合，深入落实阅读教学实践点，目前正在积极地探索与实践中。

参考文献：

[1]（法）朱丽娅·克里斯蒂娃.符号学：意义分析研究[A].朱立元.现代西方美学史[M].上海：上海文艺出版社，1993:947.

德里达文本观与群文阅读教学研究

苏州工业园区星汇学校　史怡恒

德里达文本观产生于后现代主义时期，文学上后现代主义表现为游戏式的反讽，哲学上它将整体以破裂取代，将静态以分散、动态展现，德里达的“播撒”“延异”即可作为其中典型。1966年德里达发表著名演讲《人类科学话语中的结构：符号和游戏》，为解构主义奠基，并完成了《播撒》《论文字学》《声音与现象》，从经典文本中——来自解构主义的——发现其自身天然存在的矛盾之处，以反对传统形而上学的本质主义为出发点，阐释了自己的文学观，德里达文本观就这样产生了。

德里达认为文本并非一定以文字的形式出现，其他事物也可作为文本。文本的意涵也是不可限定的，传达的原意在语境不同时即可有新的阐释，阐释没有终结，意义的变化也将永无止境。不论在形式或内容上，德里达文本观都为群文阅读教学中文本的开放性作出了指导，并为其保驾护航。在对文本开放性的认识、阅读方式、阅读的产出这几个方面，德里达文本观与群文阅读教学都有一定的契合度，本文也将从以上三个视角揭示德里达文本观理论为群文阅读教学带来的新的启示。

一、德里达文本观

（一）读什么：文本取代作品

德里达的文本所指的是什么？

相对于狭义文本指向的“一种用文字写成的有一个主题、有一定的长度的符号形式”，德里达心中的文本是广义的解释，指的是“某个包涵一定的意义的微型的符号形式，如一个仪式，一种表情，一段音乐，一个范畴，一个词语等等，它可以是文字的，也可以是非文字的”[1]。“文本之外别无他物”，这句德里达的名言，在简洁中体现了他对文本的看法——突出传统语言和文本的范围，乃至将整个宇宙容纳其间。

当德里达提及“文本”概念之时，他首先说到了“文本”的词源学意义。追溯到英语“文本”（text）的拉丁语来源，即动词“编织”（texture），名词解释为“编织的图案”，所以由它起源发展的英语单词都带有了“编织”的涵义。德里达在《延续：边界线》中提到一篇“文本”成为差异织成的网络系统，而不再是已完成的写作集合或在书页间存在的内容，它是一个织物，由不断指向除了自身以外的某些事物和其他差异的踪迹织成。据此，文本由封闭走向指向其他，自身意义的决定权也交给了其余字符，也即是他者。又因为“文本之外别无他物”，文本所指向的也就是其他文本，互文性的效果就由此产生了。从这里不难看出，德里达认为在本质上，文本就是互文的，一切文本都是其他文本编织而来的，原初文本，独立而不受其他文本影响的文本，不会存在。也就是说，一切文本都是互文本。

不同时代的、先前的与后来的文本之间存在互文影响，同一时代的文本间同样具有互文性。生活在同一个时代的人，他们的判断和思维都会受到同一个时代的许多文本潜移默化的影响。这样两方面的互文又造成一个不属于任何一个特定作家或时代的新文本，它由不同时代的众多作家共同创作。这样一来，就需要读者不断分析和重组这些文本碎片，却永远也无法回溯到原文本，也永远触不到尽头。作为解构主义者手中的重要批评工具，互文性营造了文本迷宫的氛围，语境由此因失去稳定而不再饱和，因而带来最终意义的不可确定。

这样的文本观实际上决定的是德里达整体的解构策略——由被解构对象之内部入手并在内部将其颠覆。

（二）如何读：颠覆取代确定

1. 阅读方式

“双重科学”多次被德里达提及，本质上它与“双重阅读”是一样的，因此理解“双重科学”的含义对“双重阅读”的阐释至关重要。究竟“双重科学”指的是什么呢？“双重科学”分两个阶段，一阶段推翻上位者，二阶段须证明原本被贬低的一方不可因高高在上者被推翻而上位，若非这样，被贬低的一方即成新的上位者，新的二元对立也会由此而生。“双重科学”要展现的是“既非此又非彼”，而不是“非此即彼”的二选一。也就是说，“双重科学”对上位者与被贬低者同样持否定态度，就如“药”既不是补药也不是毒药，既不是好的也不是坏的，既不是里面也不是外面……同时要注意的一点是，“双重科学”不会因为“既非甲又非乙”而生成丙，假使如此，丙的出现又会导致新的二元对立的建立。换句话说，如果不让新的二元对立产生，那么就要让情况处在“既非甲又非乙”的逻辑中往复循环，永不终结。

这样的“双重科学”在“双重阅读”中的体现是这样的：假设分别把这两重阅读命名成阅读甲和阅读乙。阅读甲就是传统的阅读，是通常情况下人们阅读文本的方式，目的在于探寻和阐释文本的确定意义，与创新无关；阅读乙是解构的阅读，它要证明确定的意义是不会存在的，这样就在阅读乙中产生了阅读甲的播撒，文本意义无法确定。在这里，德里达更加重视阅读乙，阅读甲的存在是为了让阅读乙更好进行的基础，前者是后者“翻转”“颠覆”“移置”的对象和靶子，后者将前者打倒。虽说阅读乙是重点，但阅读甲的存在同样是必要的，它的存在是解构阅读随着正确方向前进不偏离的有力保障，而阅读乙使阅读真正有价值。两者各有职责在身，联起手来才能真正完成解构。

德里达追求的阅读是不可确定的、没有休止的“推翻——重建——推翻——重建”的过程，推翻会在重建进行时发生，使得最终确定的某物永远不能到来，同样是“既非某物也非某物的对立物”。换个有趣的说法，阅读甲是文本的“洞见”，阅读乙是文本的“盲点”，读者就是“从洞见中看到盲点，从盲点中挖掘洞见”。

2. 具体实践

“双重阅读”的实际操作主要有三种方法：第一种是通过从其内部入手使解构对象颠覆自身，例如德里达从索绪尔的观点中挖出反语音中心的论据，从卢梭的论述中看到违背其本意的内容，在柏拉图的著作中发现反柏拉图的线索等等。第二种是将重要性交付给边缘的、受压抑的一方从而达到颠倒主次的目的。或者是赋予受压抑一方更大的权重，或者是直接发现上位方的错漏从而大力扶持受压抑部分，最终都是为了置换两者的地位，由此创作新文本，推翻旧文本。第三种是寻找文本自相矛盾的地方，这种矛盾或在于文本中某词语的多个释义中，或在作者的知与行之中，或在论述者的不同观点之中。比如他通过卢梭自己的“危险的补充”成功翻转颠覆其支持的逻各斯中心主义。

综合来看，“双重阅读”方法的特点，或者说解构的过程就是：发现文本中的二元对立，而后通过各种办法证明二者地位平等或原本受压抑方可能比主导的一方更重要，如此揭露二元对立的荒谬并将其颠覆。

（三）为什么读：创造取代理解

德里达文本观告诉读者，文本开放，阅读的任务不在于探寻和阐释意义，而在于对文本永不停止的重新编织，在于从文本中进行意义创作，以意义为文本建构。阅读之重不在结果，而在于过程。

德里达所使用的术语“延异”有三层含义：第一层是区别，指的是形式和性质上的差别；第二层是播撒，指的是向四周散布，如同种子一样；第三层是延宕，指的是无限延伸。这样，一切都成了动态的。时空转换与差异使得意义漂浮而无法固定，因而永不可能在场。同时这些词与种种无法穷尽的因素发生关联，因而产生不确定性，从此具备无穷冲突性与创造性，这样意义的播撒也使得读者永远不能最终确定文本意义，对其探索也永无止境。可以这么说，播撒并非丢失意义，而是无尽的替代和增补，它既分散，又多元，它生产文本意义。

德里达认为，读一个文本是通过写成更多文本而进行的，以此替代了判断和评价原文本的意义与价值。德里达文本观旨在创作出意义，从文本之中，创作新文本的过程将阅读过程取而代之，从而凸现读者的能动参与，削弱了阅读的阐述功能。但同时也需注意，文本依然是读者进行意义创造时的基础，读者任意而为是万万不可取的。

同时，“文本之外别无他物”中还包含了德里达对模仿的看法，他对模仿并不否认。德里达说的模仿，不是反映现实或再现真理，而是一个文本模仿其他文本，是以其他文本为基础的复写，是建立在旧文本基础上的新文本创造。它将新旧文本合而为一，它兼具新旧文本的特点。

综合以上分析，我们发现德里达文本观有这样的特点：阅读对象为文本，进一步创造性阅读建立在传统阅读的基础之上，读者在不断的自我颠覆中得到新的解读，印证文本的无确定意义，也可进行模仿，从而创造出新文本。读者的整个阅读过程也即是新文本的创作过程。

二、德里达文本观视角下的群文阅读教学

全国各地都在进行群文阅读教学的探索和实践，但有不少教学活动都流于表面，仅仅是跟风而并未理解群文阅读教学的目的和价值所在。在对德里达文本观有较深入了解研究的基础上，下面笔者将通过这一视角，从群文阅读教学应该读什么样的文本、以何种方式阅读、阅读后能够产出什么三方面，同时结合蒋军晶群文阅读教学的部分课例，就如何上好一节群文阅读教学课作出示范说明。

不过需要注意的是，由于时代背景、存在价值等方面的差异，以德里达文本观的理论指导群文阅读教学时，需要用批判的眼光来吸收和借鉴，一味地照搬是绝不可取的。

（一）阅读的对象

1. 开放性的文本

德里达将“文本”的涵义无限扩大，文本不再局限于书本，一段广告语、一幅画、一段音频，乃至五感可知的万事万物，都是文本，文本本身的容量是开放性的。

德里达将阅读文本由理解转为对新文本的创造，文本的存在价值也从单一走向多元，由此文本获得了开放性。

刘大伟、蒋军晶也认可广义的“文本”概念，文本从课本上的铅字中跳脱出来，其一它的来源不受限，课内课外都可；其二它的形式不受限，文本变得可摸、可闻、可听、可感、可观。如在“新美南吉的童话”这一课例中，主要议题是“感受同一作家的不同风格”，蒋军晶不拘一格，将丰子恺的两幅画也作为文本之一来“阅读”：

师：在读童话前，请大家先看两幅丰子恺的画。看完，你应该就知道他的画有什么特点了。

生：丰子恺画人不画脸。画面是简洁而明快的。

师：丰子恺几笔就画出了生动的形象，画面明快简洁。有些画是这样，有些童话也是这样。篇幅短小，明快简洁。比如我们要读的《去年的树》。

在一个大议题下，蒋军晶还以极小的篇幅插入了丰子恺的两幅画，以这样在

常规课堂中少见的文本，与《去年的树》相比较，让学生在较短时间内通过“求同”的阅读策略发现了两样文本的内在规律。在对比中调动学生对文本的探索欲望，同时也激发了学生上课的积极性，有效提高学生课堂互动的参与度。

2. 有张力的文本

在德里达看来，不同时空的文本始终处于和其他文本的编织和交互中，文本碎片不断重组，文本的意义因此变得不可确定，变得开放。他提出一切文本本质上都是互文本，但学生的阅读量和人生阅历和德里达之积淀相比，犹如小溪之于大海，不够有冲突张力的群文恐怕不足以让学生在单位时间内发现内部规律，因此老师在确定议题、选择文本时依然要根据学生的学情来进行。

多文本、议题、单位时间是群文阅读教学的重要组成部分，同时也对教学活动的开展提出了更高的要求。单位时间内，围绕一个主议题，对多篇文本进行讨论研究，同时还要求对学生进行或表达或思维或阅读策略的锻炼，即能够允许学生在单位时间内发掘出文本的内在规律，那么这就要求所选文本是有张力的。

群文阅读教学中的文本需要有张力，张力从哪来？就从文本之间的差别中来。这个差别不能大得离谱，被学生一眼看穿而失去设置的意义；也不能过小，“一千个读者心中有一千个哈姆雷特”，每个人因为人生经验的不同，对于文本的感知也会受到影响，若是文本之间差别太小，学生很有可能忽略。

蒋军晶在“情节相似的小小说”这一课例中，除了《“诺曼底号”遇难记》这一篇，另外四篇小小说在结尾时同样都出人意料，可以看出这节课老师主要想训练的是学生“整合”的阅读能力。但蒋军晶同时又安排了《“诺曼底号”遇难记》和《桥》的对比：

师：阅读《“诺曼底号”遇难记》，和《桥》有什么共同点？

生：情况万分危急；人群慌乱拥挤；英雄拯救人民。

师：如此相像的文章也会有不同之处。再看一看，有没有发现？

生：船长和老汉分别以“死”和“退党”作为威胁。

师：我们觉得哪个更有威慑力？

生：死。

师：那为什么老汉的威胁并不那么有威慑力，村民们还是排成了一列？回到文章找细节。

蒋军晶巧妙地选择了既有相同之处，又有不同的两个文本，首先是训练了学生"求同""比异"的阅读能力。其次，老师一步步的追问更突显了两个文本之间强大的张力，议题和选文连接紧密。第三，其实这两个文本分开单看也都很有张力，尤其老汉的形象既有普通人对儿子的爱，又有英雄无畏牺牲的一面，老师在适当的时候抛出最后一个问题，正能使学生在寻找细节描写的过程中对老汉的人物形象有更深刻的理解，同时也能学习小小说的表达方式。

（二）阅读的过程：从推翻到重建

在德里达的阅读策略——"双重阅读"中，德里达让读者处于"既非某物，又非某物的对立物"的逻辑之中无限循环。读者需要通过重复阅读获得较常见的文本意义，而后以解构的阅读方式发现前者的矛盾之处，进而推翻前者。但由于"双重阅读"的特性，追求意义无可确定，所以这一过程将无限循环，而德里达制造这一循环的目的正在于解构，因此这一循环对于教师与学生而言意义不大。所以在教学中，教师仅截取这一循环中的"推翻——重建"过程提升学生的阅读思辨能力即可，而不需要使自己与学生都陷入"既非某物，又非某物的对立物"的漩涡之中无法脱身。

而德里达的"双重阅读"需要建立在"文本无可追求终极意义"的基础上，这一基础固然为读者探索文本意义提供了无比宽广的空间，给予老师选择文本时较大的自由，但如果认定文本没有最终意义，换句话说，是否文本就没有任何恰当的意义了呢？然而哪怕是在尤其强调批判性思维的群文阅读教学中，也是需要得出方向一致的结论的，尽管可能并不完全相同。因此老师在进行预设时，思维可以尽可能发散；但在课堂教学时，对于学生文本阅读的导向依然是可知的，而非不可确定的未知。

在蒋军晶的群文阅读教学课例《桥》中，有这样一段教学：

师：默读课文《桥》，找找、画画文中写到洪水的地方。

（学生默读，在文中圈画）

师：通过圈画，我们可以发现描写洪水的句子都分布在全文各处，这些句子，你觉得它们写出了什么？

生 1：我觉得写出了洪水很大。

生 2：我觉得写出了洪水极其凶猛，情况相当危险。

师：同样都在写洪水的句子，把它们放在一起比较，同学们发现作者写洪水用了哪些方法?

生 3：我最喜欢的“死亡在狞笑声中逼近”运用了拟人的手法，写出了洪水到来的恐怖感。

生 4：第一段“黎明的时候，雨突然大了。像泼。像倒。”用了比喻的手法。

生 5：作者写洪水先淹没了腿，再到腰部，最后把整个人淹没，用了对比的手法。

师：大家看出来作者采用不同手法写了来势汹汹的洪水。再比一比，看看它们有什么相似之处?

生 1：我发现这些句子都很短。

师：是的。看看第一段“像泼。像倒。”两个字就成一个句子，这完全可以写得更长。我们先试着把它们分别扩充成四字词。

生 2：瓢泼大雨、倾盆大雨。

师：还能扩展得更长。我们看老舍先生怎么写大雨来临：“风过去了，只剩下直的雨道，扯天扯地地垂落，看不清一条条的，只是那么一片，一阵，地上射起无数的箭头，房屋上落下万千条瀑布。几分钟，天地已经分不开，天空的水往下倒，地上的水到处流，成了灰暗昏黄的，有时又白亮亮的，一个水世界。”

师：大家看，比较一下，我们就能知道，就算同样写下雨，也是既可以具体，又可以简洁；既可以用长句，又可以用短句。那《桥》的作者选择这种写法——单词成句，单句成段的原因，是什么呢?

生 3：也许是个人偏好。

生 4：可能文章本身就不太长。

生 5：这种写法会让人觉得很紧张、很急迫。

师：那我们连起来读一读，注意边读边感受。

这一教学片断中的“双重阅读”体现在当学生觉得可能写大雨来临的场景或许只能用短句时，老师用老舍先生的一段描写又给出了新的示范，长句同样能取得很好的表达效果。在学生囫囵觉得长句短句同样可以描写大雨时，老师又以为什么《桥》的作者用短句来表达这一问题，让学生重新思考——长句或短句需要根据所描写环境的不同来进行选择。两次“推翻——重建”的过程让学生受益匪浅。

此外，由写洪水的片断可以体会到的除了汹涌可怖，还有情况危急，还有老汉的镇静如山；描写洪水时的写作特色除了比喻、拟人，还有大量短句。尽管一个片段所要表达的，以及表达方式都不唯一，但老师根据自身的教学目标，引导学生一致往“短句”的方向靠拢，这就是对于德里达文本观的批判性吸收与学习。

（三）阅读的产出：创造新文本

艾布拉姆斯将作品、艺术家、世界和欣赏者作为文学“四要素”，而德里达文本观摒弃了这些，与传统批评范式决裂，强调的是“读就是写”，没有单纯的作者或读者，每一个读者可作为参与了意义创造的文本作者，每一个作者同时也是其他文本的读者。

德里达文本观认为阅读的目的不是对意义的阐述，而是创作意义，用创作新文本取代一般的阅读过程，强调读者到作者身份转变的能动性。德里达文本观中还包括德里达对“模仿”的看法，他赞成文本对其他文本的模仿，在模仿中完成对新旧文本的重新编织。

《课程标准》要求语文课程应重视对语言文字运用的实践，同时也强调要注意内容的价值取向，要能够体现社会主义核心价值体系的引领作用。因此，学生进行新文本的创作并不是放任自流的，在此过程中，教师应注意鉴别、筛选。

蒋军晶在“最后一句诗——‘儿童诗’群文阅读”中选取了林武宪的《阳光》，七星潭的《花一把》以及自己创作的《我是一支黑色的笔》，以“诗的最后一句总是很特别”为议题，在课堂上引导学生，由预测开始，以模仿为拐杖，进行新文本的创作。

师：我们来模仿着写出特别的最后一句。蒋老师也写了一首诗，把最后一句写得很有创意。我先不给你们看，大家一起来写一写好不好？

（出示课件）

颜色

（　）好看

（　）好看

（　）还好

（ ）就（ ）了！

除非（　　）。

（生写诗）

生：黄色好看。红色好看。蓝色还好。白色就差了！除非，它代表高雅和纯洁，不代表有人去天堂。

生：绿色好看。红色好看。灰色还好。黑色就差了！除非，是在静谧的夜晚。

生：白色好看。黑色好看。灰色还好。红色就假了！除非，是妈妈给我的温暖。

师：刚刚仿写了名家的“最后一句诗”，现在我们来创作属于自己的诗。这首诗是老师写的，没有发表过。只要你写的“最后一句”有诗的味道，它就会是这首诗的“最后一句”！

（出示课件）

我是一支黑色的笔，

我是一支黑色的笔。

我要把小妹妹的牙齿涂黑，

让她变成笑掉牙的老奶奶；

我要把红玫瑰涂成黑色，

让它以为自己中了剧毒；

我要把白天鹅的羽毛涂黑，

让它以为醒来变成了乌鸦。

但是但是，这些都算不了什么。

我最伟大的杰作，

是（　　）。

师：我最伟大的杰作，会是什么，能是什么，可以是什么呢？

生：是把雪花儿涂成黑色，让人觉得它生病了。

生：是把雨水涂成黑色，叫人类意识到自己的错误。

生：是把青蛙的皮肤给涂黑，教小蝌蚪尽快找到妈妈。

师：这是真正的诗呀！

老师选取的是充满童真的小诗，由对《阳光》《花一把》的细致体会进入阅读与思考的氛围，在老师手把手的引导中开始对“最后一句诗”的模仿，在模仿中勾连了新旧文本，完成由小读者到小作家的身份转变，获得了表达的成功体验。小作家们创作的新文本风格多变，幽默的、抒情的、理性的，在这个过程中，意义创造不断发生，表达能力得到了极大的提高。同时，在老师的引导之中，孩子们感受到字里行间的爱与美、良好的思想道德风尚，并在自己的新文本创作中一句一句地播散开去了。

参考文献：

[1] 肖锦龙. 德里达的解构理论思想性质论 [M]. 北京：中国社会科学出版社，20004:186.

第三章

群文阅读教学的现状思考

从“教课文”到“教阅读”

——小学语文阅读教学的变革研究

南京市共青团路小学　蒋言文

一直以来的语文教学都是以理解课文的思想内容为主要目标的单篇阅读教学，单篇阅读教学强调精读细读，对字词的揣摩和课文内容的理解让语文教学变得耗时且效率低下，教学中缺少的是指导学生如何利用自身的经验和知识去调整阅读状况，教学生如何感悟、理解文章关键词句，如何概括大意等策略性的知识。学生的学习效果在日益下滑，单篇教学的弊端日益显露。要想提高阅读教学的效率，小学语文阅读教学就必须转型，从“教会知识”转向“教会学习”是当今时代教育改革的发展方向，也是语文教学研究的一个重要课题，落实到具体的方向上是着重于教给学生策略性的阅读方法。

在此，我选取了三种新型的策略性的阅读教学模式，对以蒋军晶老师为代表的群文阅读教学、以窦桂梅老师为代表的主题阅读教学和以韩兴娥老师为代表的课内海量阅读教学进行分析，这三种教学模式正是在当下日益破碎的阅读教学形式中不断摸索实践出的，希望通过探索，能将策略性的阅读教学从理论变为实践。

一、群文阅读教学

1. 群文阅读的概念

理论上的源头最早可追溯到中国台湾地区小学语文教育学会会长赵镜中先生提出的一个描述性的概念，他在描述中国台湾地区课程改革后阅读教学的变化时曾提及“群文阅读”这个词。

群文阅读，就是把一组有相同议题的文章用一定的方式组合在一起，指导学生同时阅读，它提倡学生在阅读中发表自己的观点，由此提升阅读力和思考力。

群文阅读最初只是在小范围内进行讨论、试用，经过几年的改善与推进，在浙江、山东等省份被许多老师尝试和研究，其中蒋军晶老师在群文阅读的教学实践上有着很成功的教学实例。

2. 群文阅读教学的特点

群文阅读的最大特点是从单一的文本转变成多文本。在此之前，也有很多学者和教师对多文本的阅读教学进行了尝试，结合现有的群文教学实践，群文阅读教学需要具备以下四个方面。

（1）议题生成的开放与聚焦

议题具有生成的开放性和聚焦性。所谓的开放性，从内容上来说，它强调的是内容的可讨论性，并不需要答案的统一。形式上来说，根据课堂教学的要求，教师要事先设计好议题，在对它的选择上也可以参考学生的意见。所谓的聚焦性，是指要抓住主干，因为我们要在较短的时间内处理多个文本，而且每一篇文章都会有不同方向的解读。在课堂教学过程中，必须围绕核心议题进行讨论，使它成为师生共同讨论的目标。

（2）多文本的阅读与思考

著名小学特级教师蒋军晶认为："所谓'群文'，顾名思义，就是在教学现场，较短时间内，要呈现多篇文章，多到四五篇，甚至七八篇。"[1]但是如果教师想要真正提高学生的阅读量和阅读速度，在文本的选择上，就要紧紧围绕议题，有计划、有目的进行精心的选择。而且所选文本要从不同的角度反映议题，除了选择课内的也可以选择课外的。由此可以看出，教师在确定议题之后，学生可以通过阅读不同的文本获得独特的感受，既增加了学生的阅读量，也提升了学生的思考能力。

（3）知识建构的集体与个体

群文阅读教学是指"在单位时间内，围绕一个议题，选择多个文本进行教与学的活动"[2]。同时，因为学生在进入文本之前，他们已有的知识体系以及个人学习经验也会随其进入文本并影响阅读，从而形成他们新的并且具有个人独特性的阅读体验，因而从此方面来讲，教师的备课也应该具有知识建构的性质。

（4）达成共识的过程与结果

"所谓共识，就是一群人对一种问题、一个现象、一种理解或者某个知识的共同认识，其终极呈现就是人类共同的生存真理和生活智慧。”[3] 群文阅读具有过程和结果的意义，共识达成的过程需要交流，在交流过程中达成的结果是一个开放的状态，是不停追寻的过程。在探究的过程中，会有多种结果产生，但这并不是最主要的，而是通过这一过程，让师生对所学内容有一个更深入的理解。所追求的结果也不是答案的唯一性，而是让学生有一个多元的思考。这也并不代表不注重知识的准确性，而是要注重倾听学生的意见。

3. 群文阅读教学的课堂实录

第一篇　以《励志小故事》的教学为例

环节一：阅读《别让任何人偷走你的梦》

读完这篇短文，你想说点什么？

环节二：阅读《十个成功励志小故事》

1. 阅读这十个故事，说说你最喜欢的故事以及理由。

2. 交流故事：

（1）《相信自己是一只雄鹰》

【指导】文中强调环境对人的影响，所谓“近朱者赤，近墨者黑”，引导学生联系生活实际或者结合孟母搬迁的故事，突出文章的主旨。

（2）《自己救自己》

【指导】题目主题鲜明，自己救自己，靠人不如靠自己，不要习惯依赖于他人。

（3）交流《让失去变得可爱》

【指导】这篇文章主题有些深度，需要换个角度思考，并不是所有的失去都是令人伤心的事。成功者善于放弃，善于从损失中看到价值。

（4）交流《司机考试》

【指导】金钱、名誉、地位都不及生命重要，不要轻易地被其左右而避重就轻，甚至因小失大，得不偿失。

环节三：小结

这十个励志的小故事，主旨很深厚，对于小学生来说也许未必能一下子明白其中要表达的道理，但是对于中高年级的学生来说，根据学生已有的生活积累或经验，或多或少地能够在意识里明白一些浅层的文本意义，这时候需要教师的正确引导，结合生活实际或者以前学过的类似的文章，这些小故事的深层道理便能自然明白。

第二篇　以送别诗的群文阅读教学为例

环节一：学习《黄鹤楼送孟浩然之广陵》

1. 解诗题

师：读课题，从题目中你能知道什么？

生：我知道这是一首送别诗。

师：从哪里知道这是一首送别诗？

生：我从“送”这个字知道的。我还知道李白是在黄鹤楼送孟浩然。

2. 读诗文

（学生自由朗读古诗）

师：我要请 4 位朗读好的同学来读一读这首诗，其他同学当评委，仔细听一听谁读得最好。

3. 明诗意

师：同学们平时都用哪些方法理解诗歌的意思？

生：我一般都依靠查工具书来理解诗歌的意思。

生：我会通过看注释的方法来理解古诗。

4. 悟诗情

师：从诗中的哪些特有景象能够感受到作者的依依不舍之情？（填写表格）

题目	送与被送的对象	地点	送到哪去	送的方式	情感	通过哪些景象表达情感
《黄鹤楼送孟浩然之广陵》	李白 孟浩然	黄鹤楼	扬州	目光注视着相送	不舍	孤帆 长江 碧空

环节二：运用上述方法，小组合作探究《别董大》《赠汪伦》《芙蓉楼送辛渐》《送元二使安西》这几首送别诗，填写好表格后并交流。

师：回顾《黄鹤楼送孟浩然之广陵》的解诗题—读诗文—明诗意—悟诗情这四个步骤，自主学习《别董大》《赠汪伦》《芙蓉楼送辛渐》《送元二使安西》这几首送别诗，合作完成表格，在班上进行汇报交流。

4. 群文阅读的价值

其一，能够完成课标对学生阅读量的要求。

《课程标准》要求“扩大阅读面，增加阅读量，提高阅读品味……多读书，好读书，读好书，读整本的书”[4]，“九年课外阅读总量应在400万字以上”[5]，“但依据当下小学语文教材来看，以12册教材平均每篇课文500字计，六年下来学生的阅读总量约有15万字~20万字，若再没有足够强度的课内外阅读量，那么我们培养出来的学生是无法满足《课程标准》提出的要求的……以当下各地践行的群文阅读教学为例，每节课让学生读5~6篇文章，每篇文章以500字计，一节课学生可以阅读2500~3000字的文章，一学年中每周（一学年按28周计）若有两节群文阅读课，学生阅读量可达到168000字，这将远远超过语文课程标准要求的阅读量。”[6]加上教师在选文上的科学辅助，学生在阅读方面的质和量都能得到保证。

其二，能够提升学生的阅读思辨力。

群文阅读教学更多的是教给学生相关的阅读策略，通过课堂教学中的质疑解疑鼓励学生在阅读中理解和发现文本内容上的异同。例如在群文阅读的教学实录中，教师引导学生去回顾第一首古诗的学习方法，这实际上是引导学生活学活用、学以致用，将第一首古诗学习到的方法引申为一种阅读策略运用到更多类似或者同主题的文本学习中去。在此基础上，经过长时间的阅读策略教学，学生在今后的阅读过程中会主动地将已经掌握的阅读策略运用到新的阅读中以解决新遇到的问题。群文阅读教学中教师并不像单篇教学那样过多地强调字词和内容理解，也不关注学生是否有感情地朗读，教师更多的是引导学生在阅读过程中逐渐培养起质疑解疑、归纳整合等阅读能力。对比单篇阅读教学，群文阅读教学在求同、存异、判断、整合等方面能力上的培养成为教学上的又一大亮点。

其三，能够提升教师的教学能力。

《课程标准》明确表示，“教师应加强对学生阅读的指导、引领和点拨，但不应以教师的分析来代替学生的阅读实践，不应以模式化的解读来代替学生的体验和思考。”[7]群文阅读的教学实践对教师来说无疑是一种很大的考验，这不仅需要教师有广博的语文专业知识，而且需要教师进行大量的阅读。提升学生阅读量的前提是教师要博览群书，这样才能为群文阅读教学的多文本选择提供正确的科学的方向。同时，教师应该引导学生逐步学会略读和浏览。群文阅读教学的出现解决了当下传统教学的一些固有问题，不仅能够有效加大学生的阅读量，更重要的是让学生学会在多篇不同的文章阅读中进行比较归纳、分析综合，并有深入的思考，让学生自己“感受、理解、欣赏和评价”。教师关注略读、默读方法的指导，为学生学习多样化的阅读方式提供了方向。从长远角度考虑，研究群文阅读教学的教师可以自发地组建教师团队，在学校的教研活动中结合学校的实际情况对学校现有的课程资源进行改编，形成学校独有的群文阅读校本课程资源，甚至是通过组建教师研讨团队自主开发出一套符合学校办学思想的群文阅读课程资源。

二、主题阅读教学

1. 主题阅读的概念

主题式阅读是围绕一个主题，将课内文本和课外文本进行结合，将课内所学到的知识迁移到课外实际运用的一种阅读方式。主题式阅读倡导确立一个明确的主题思想，用以将学生对文本的理解与其情感相沟通[8]。主题教学中的主题有些可能是指向对语言的学习，包括语言的积累、理解、运用等方法的学习；有些可能是指向思维的训练，包括概括、对比、想象等，用以提高学生的思辨能力；有些可能是指向学生精神品质的培养，例如公平、爱国、诚信、互助等，用以促进学生正确的价值观的培养。小学语文主题教学，是围绕《课程标准》选择适合的教学内容，顺应学生的身心发展规律，通过主题的方式将课内教材与课外资源进行整合，挖掘教学内容的原生价值和教学价值，促进儿童语言发展、思维提升的一种小学语文教学模式。

2. 主题阅读教学的课堂实录

以人教版五年级上册第二单元“月是故乡明”的教学为例

环节一：

师：本单元主题是“月是故乡明”，请同学们回顾这一单元的学习，想想你们都用了哪些读书方法？

生 1：我结合本课主题还阅读了《新语文主题阅读》中其他的文章，我主要采用“学思法”和“五步法”的方法来阅读。

生2：我采用的读书方法主要是批注法，批注自己的观点与想法。

生3：我采用的就是“三到法”，即“心到，眼到，口到”。

……

【赏评】通过读批注来探究“主题”之意

在上节课，学生通过读、批、注、议这四种方法学习了本单元的课文，因此，本节课上教师通过让学生回忆读书方法作为导入语，切入主题。

环节二：

师：故乡是游子梦的摇篮，每到月满时分，游子的心便牵挂着自己的家。哪篇文章给你留下深刻的印象？

生1：余光中的《乡愁》每句话都勾起了我对故乡的怀念（有几生附和着读）

生2：读了于右任老先生的《望大陆》，我的心仿佛都碎了！

……

【赏评】通过吟诵得“主题”之情

教师的这一提问，看似简单，其实是让学生在一番阅读之后通过已有的知识经验与文本内容进行结合，从而得出自己的想法与观点。

环节三：

师：无论是月亮，还是梅花、荷塘，月亮依旧是最牵动中国人的内心的。在诸多古诗中“月”字出现的频率相当高。有谁知道带有“月”字的古诗？

生1：辛弃疾《西江月》：明月别枝惊鹊，清风半夜鸣蝉。

生2：李白《闻王昌龄左迁龙标遥有此寄》：我寄愁心与明月，随君直到夜郎西。

生3：李白《静夜思》：举头望明月，低头思故乡。

3. 主题式阅读的价值

首先是能够培养学生的阅读兴趣。主题阅读根据同一主题将课内和课外的阅读相联系，学生在阅读过程中会意外发现在教材之外还有很多感兴趣的文章在等着他们发现和阅读，这自然会引发他们的好奇心。小学生在阅读不同的文章时，他们会根据自己喜好或者个人需要进行阅读，通过发现和培养自己的兴趣，主动拓展自己的阅读量。主题阅读教学，让学生在一节课中读同一主题的多篇文章，这与群文阅读教学有相似之处：既然是同一主题的多篇文章，文章与文章之间必然有内在的和外在的一些联系，课堂上的大量阅读，教师担任“引导者”的角色，通过质疑解疑，大大激发了学生的阅读兴趣，引导学生在单位时间内对同一主题的多篇文章进行思考与发现，在自主思考的空间里自由想象。以三年级上册的教材为例，这一册教材第一单元的主题是“七彩生活”，共有《爬天都峰》《金色的草地》等四篇文章，若是增加教材以外相同主题的文章比如《彩色的梦》等等，一下子增大了学生的阅读量，更重要的是，经过教师对文本的精心选择，很好地将同主题的文章进行系统的结构化串联，学生阅读的兴趣便自然而然被激发。

其次是能够培养学生的阅读能力。主题阅读教学更多的是教给学生相关的阅读策略，通过课堂教学中对同一主题的多篇文章进行整合，学生在阅读中理解和发现文本内容上的异同。教师引导学生在阅读过程中逐渐培养质疑解疑、归纳整合等阅读能力。对比单篇阅读教学，主题阅读教学往往会通过主题升华学生的精神思考和价值观，为学生培养正确的积极向上的精神奠定良好基础。学生通过主题阅读，会对文本中人物或事物解决问题的办法展开思考，进而转化成自身遇到问题时可以采用的有效办法，文本内容与生活实际密切相连，学以致用。

最后是能够提高语文素养。主题阅读教学在内容上将普通的单篇文章经过重组并向纵深挖掘，让学生思考、发现，读有所获。除此之外，“它将阅读的舞台教给学生，体现‘生本’意识，让学生自主阅读，在阅读天地里尽情遨游，收获自信，体验成功。”主题式阅读教学不仅能够有效地提高学生的阅读积极性，更重要的是教授了让学生受用的阅读方法。这种教学模式巧妙地融合了学习与乐趣，引导学生在探究文章主题的过程中掌握阅读技巧、提高阅读水平和理解能力，是一种值得大力推广的引导式教学模式。

三、海量阅读教学

1. 海量阅读的概念

“课内海量阅读”，就是在一整堂课内进行的“海量阅读”。“课内”是它的时间段以及场所。它指的是“海量阅读”，与学生的课外自由阅读还有随意阅读都不同，它是在课内即课堂上进行的。它是学生在教师的课堂引导下，通过合作、探究进行的教学活动。“海量”是“课内海量阅读”的显著特征。

这一阅读教学模式以韩兴娥老师的海量阅读教学模式最为典型。韩兴娥老师两周教完一本教科书，以及重诵读、背诵，轻理解的做法引发人们思考。她把阅读分读熟、背诵、运用三大块。“韩老师把小学六年分为三个阶段：（1）一年级在‘海量阅读’中识字；（2）二、三年级主要在‘海量阅读’中诵读、积累；（3）四、五、六年级在‘海量阅读’中诵读经典。她称之为‘课内海量阅读’三部曲。”[9]在韩老师的课堂上，将两三本读本通用的做法经常可以见到。除了教材，有的时候是在书店买的图书，又或者是一些相辅助的诗歌、儿歌、各类散文的合集。这些教材有的还是跨年段的，韩老师会根据课堂需要结合各年段的特点引进课堂。韩老师认为语文教学最重要的还是“读”，她的做法是将一篇课文带领学生读熟，用以解决一两个主要的问题，这样看来，备课和教课都随之变得简单很多。韩老师在一节课上能够让学生的朗读次数达三十次，读字的总量达到一万字，课堂上教师不再是繁琐地解说，而是把大量的时间都留给学生朗读。当然，韩老师总结出：“海量阅读”的速度虽然相当快，但这种教学模式并不是拔苗助长，学生由于读得多，即便面对他们暂时无法理解的文章，教师也不必急着让他们理解，随着学生年龄的增长，自身经验的积累，以及阅读量的增加，他们总会有理解的一天。

2.“课内海量阅读教学”的课堂实录

《我是什么》的教学实录

一、引入

1. 由“小老师”领诵引入（5 分钟），共领诵四首描写水的古诗：（资料一）：《小池》《望庐山瀑布》《望洞庭》《流水诗》（可以通过 PPT 先齐读一遍古诗，再由“小老师”领背古诗。可以两个课时一起使用。）

2.“小老师”讲水的故事《水的用途》（故事投影），提出听的要求：

（1）短文讲了水有哪些用途？

（2）短文里出现了哪几个四字词和表示声音的词？

师补充要求：用完整的话回答问题。老师以鼓励为主，能快速回答正确的加星星（5 分钟）

（资料二）：《水的用途》（PPT 投影）

3. 师：从这个有趣的童话故事中我们了解了水有这么多的用途。是啊，人们的生活离不开水，现在，我们再去了解了解水吧！板书课题，齐读课题。

二、学习记事性说明文《我是什么》（二十分钟）

1. 自读课文。要求：滑指，读准字音。

2. 同桌互读检查预习，要求：一人读一段，滑指，轮读。读准字音，读通顺。读得不准的要教教他 / 她，读准的完了以后要夸夸他 / 她。

3. 集中识字：多种形式检查读词。

4. 开火车轮读《我是什么》。提要求：看谁读得既准确又流利。师相机指导：遇到问题立刻停下，解决完音难字后要放回句中读，还要请下一个学生继续读。如果两个学生请完后依然有问题，全班读。

三、学习带生字的童话故事《小水滴》。（五分钟）

1. 自读。

2. 勾出故事中出现的生词，再读一读。

3. 指名分段读后齐读。

（资料三）：《小水滴》（PPT 投影）

3. 评析“课内海量阅读”

其一，“课内海量阅读”顺应学生的心理和身体发展规律。低年级学段的儿童往往兴趣广泛、好奇心强、记忆力好、可塑性强，但是在理解力方面较为薄弱，而且注意力很容易分散，兴趣容易转移。根据这一年龄段特点，韩老师结合学生身心发展的顺序性和阶段性制定出相对应的“课内海量阅读”计划。搜集筛选大量的阅读材料，可以是纸质的，也可以是图片等电子版本，又或者是一些古诗、散文等，有的时候可能是一整本书，有的时候可能只是一篇经典的文章，由于这一时段的儿童记忆力很强，这些文本内容被他们牢牢地记在脑海里。小学六个学年下来，坚持进行“课内海量阅读”，为学生的阅读积累奠定了良好的基础。

其二，“‘课内海量阅读’活用教材进行阅读教学。”[10]精读的单篇教学让老师们身心疲惫，但教学效率却大打折扣，换来的结果也是学生“营养不良”。“课堂是‘用教材教’，而不是‘教教材’，更不是‘只教教材’，应《课程标准》要求，学生的阅读范围仅局限于课内教材是远远不够的。除了教材，有的可能是在书店买的图书，又或者是一些相辅助的诗歌、儿歌、各类散文的合集。这些教材有的还是跨年段的，根据课堂需要结合各年段的特点引进课堂。教材的主题上选取思想健康的、知识性较强的读物，教师教的不是教材内容而是方法，注重阅读方法上的指导。”在阅读方法的指导上，教师引导学生对大量的文本采用略读、速读、浏览等阅读方法，指导学生边读边思考，提升学生的思辨能力；指导学生在阅读过程中学会做读书笔记，比如圈点勾画、作批注等方法，引导学生逐渐养成“不动笔墨不读书”的良好阅读习惯。

其三，“课内海量阅读”给学生“减负”，提供读书空间。“海量阅读教学”的“课前课后没有给学生布置作业和试题，学生拥有大量的自由时间去支配自己的阅读计划，教师引导学生有组织地合理地进行海量阅读，在阅读中自主思考与探索，提高学生的阅读思辨能力。”增加的是学生精神上的质性学习，减少的是无用的、耗时的量性学习。为了丰富学生的阅读资源，教师通过家校联合，建立起班级图书角、学校图书阅览室和家庭的图书角，让学生不论是在学校还是在家里都能尽情地进行课外阅读，遨游在知识的海洋中。

四、总结

本文选取并梳理了三种新型的、成功的阅读教学新模式，这些都为今后的阅读策略教学提供了宝贵的借鉴。阅读教学策略的变革还有很多其他方面值得研究和探索。值得注意的是，这些阅读策略教学的介绍和分析并不代表着需要全盘模仿来提高阅读教学的效率，在不同的教学环境下对不同的教学对象都需要依据实际来有所调整。不管怎样，笔者认为成功的阅读策略教学应该是教师在阅读教学过程中教授学生相应的阅读策略，例如概括、整合、求同、存异等；让学生将学习到的阅读策略渗透到日常生活的阅读活动中，并能够运用到更大范围的学习领域中进而提升为自我的学习策略。

参考文献：

[1]蒋军晶.语文课上更重要的事:关于单篇到“群文”的新思考[J].人民教育,2012(12):30-33.

[2][6]刘大伟,蒋军晶.群文阅读教学:概念、价值及实践路径[J].南京晓庄学院学报,

2016(1):33-34.

[3] 张萍. 群文阅读教学：概念、范式与价值 [J]. 上海教育科研, 2016(4):75-78.

[4][5][7] 中华人民共和国教育部. 义务教育语文课程标准（2011 年版）[S]. 北京：北京师范大学出版社. 2012.

[8] 许丽华. 小学语文主题式阅读教学模式初探 [J]. 教育实践与研究, 2015(14):42.

[9][10] 张侠忠, 韩兴娥. "课内海量阅读" 解读 [J]. 小学语文教学, 2015:63-64.

聚焦意义建构：小学群文阅读教学的困境与对策

华东师范大学教师教育学院　陈诺

摘　要：目前的小学群文阅读教学的实施困境主要体现在：教学准备上，议题设置随意化、文本组合无结构；教学过程中，从主问题和生成性问题两个方面展现出提问的无效性；特别是目标确立丢失重点以及实施效果不理想。针对上述困境，本文建议聚焦群文阅读教学的应有之义：意义建构，采用建构主义学习理论提供实施对策。从社会建构主义入手，针对教学准备以及教学过程，应设计抛锚式议题、组织可生成情境的文本、提供提问式支架；从认知建构主义入手，针对目标确立以及实施效果，应加强自主探究与建构、注重随机通达与迁移。

关键词：群文阅读教学；意义建构；建构主义

群文阅读教学研究方兴未艾。这种围绕一个议题，选择多个文本进行的教学活动，其首要目的到底是什么？针对小学阶段新出现的困境，能不能有一个更具体系性而易被接受的理论提供对策？以意义建构为首要目的，利用建构主义学习理论指导小学群文阅读教学实践是笔者找到的合适的解决方案。

意义建构是建构主义学习理论所强调的“学习过程的最终目的”[1]，也是群文阅读教学的应有之义，指的是学生形成自己独特的知识结构。由此可见，建构主义学习理论与群文阅读教学具有目的一致性。而建构主义作为新课改的理论基础之一，较为完备且易于理解，也使得建构主义学习理论指导小学群文阅读教学成为可能。

一、小学群文阅读教学的实施困境

近五年来暴露出的小学群文阅读教学的实施问题可以从教学准备困境、教学过程困境以及目标与效果三方面展开，均是在不同程度上没有聚焦意义建构所致。

（一）教学准备困境

教学准备环节中体现出来的问题主要存在于议题设置的随意化以及文本组合没有内在结构两个方面。

1. 议题设置随意化

一个议题的设置是一次群文阅读教学的开始，议题具有可议论性，群文阅读教学才得以展开丰富的讨论。但实践中出现的却是议题设置太空泛、系统性差，导致难以达到对特定议题内容的意义建构。

首先，议题设置太空泛指的是，小学老师看过几篇理论讲解、听过几次课堂教学以后，就囫囵吞枣做出教学设计，使得议题设置浮于表面。这样设计出的议题，无法看出设计者究竟想要围绕哪个方面展开。议题不够清晰，指向不够明确，则无法议论或者说议论不具价值，学生也无法有针对性地对特定内容更新已有观念，形成深刻认识。

其次，议题设置系统性差表现为，在考虑到议题设置频率受议题重要性程度影响的前提下，设计者反反复复设计主题式议题，却忽视策略方法、言语实践的议题。主题式议题并非指向思考的独创性，而是标准答案。忽视的部分也使得议题设置思路贫乏，群文阅读教学价值缩水。

2. 文本组合无结构

文本的选择必然要涉及单个文本以及多文本。实践中出现的问题，体现在单个文本上，就是文本脱离学生，不符合小学生认知发展特点及生活经验。体现在多文本上，其实就是文本之间的关联选择问题，下面展开论述：

首先是文本选择不够多样，体现在其一，文本组合有问题。课外选用少，课内多篇也是打乱重组少。群文阅读教学沦为传统课内教学内容的总结课，这并不利于学生的意义建构面向生活，形成灵活独特的知识结构。体现在其二，文本类型单一。非连续性文本是选文的盲点；音频、视频还没有被充分地运用。

最后，说说文本组合互文性不明显。在群文阅读教学语境下，我们仅限于文学文本来理解互文性，那么“互文性指一个文学文本与其他文学文本之间可论证的互涉关系”，其“形成了一个潜力无限的文本网络”[2]。实践中存在的互文性问题体现在文本之间“冲突性和强大的张力”“互补性”“内在规律要便于学生在较短时间内通过阅读发现”的缺失[3]。那么这意味着，文本无吸引力，无法调动学生的学习热情，无法在课内达成初步的知识建构。

（二）教学过程困境

教学过程困境主要体现在提问的无效性：主问题不够明确，不能呼应议题；生成性问题过多、零散、浅显。提问无效，则无法呼应议题，无法形成良好的知识结构，完不成教学目标。

1. 主问题不够明确，不能呼应议题

主问题，也就是一堂课探究的重点问题，是群文阅读教学需要建构的内容，会成为线索贯穿教学过程。提的主问题可以从两个维度分析其困境：

首先，主问题不够明确指的是，课堂中没有明确的主问题作为线索，引导学生有意识地不断地对提的主问题进行思考，课堂提问容易被割裂，限于对单个文本的理解。忽视了文本之间的深度关照与基于多文本联系而设计的作为线索的主问题的解决。

其次，主问题不能呼应议题指的是，主问题与议题不存在直接照应，无法揭示本堂课要建构的重点内容。也就是说，设置的议题与提的主问题在理解上将学习者带往两个不同的方向，无法聚焦，无法引向唯一重点建构内容。设计者已经将议题设置好，但是主问题的提出却未根据议题展开，而是重新选了一个角度，设计了一个主问题。这样的主问题就是无效的，只会导致课堂教学进程的混乱，知识的有效建构、教学目标的达成更无从谈起。

2. 生成性问题过多、零散、浅显

生成性问题，是课堂互动中形成的问题。在主问题抛出后。需要分解成若干个小的生成性问题进行；也需要针对学生的回答追问、反问，从而达到不断丰满的知识建构。生成性问题的困境可以分解成三点：

首先，生成性问题设计过多。种种提问让学生应接不暇，难以自主自动思考探究，导致群文阅读课沦为了分析精读课，意义建构走向追求标准答案。

其次，生成性问题零散，这指的是学生自主权过大，老师处于被动地位，使提问引导性下降，知识建构缺失了方向引领。如果生成性问题并非指向本课的知识建构的话，老师太过关注课堂中生成的问题，反而降低教学效率与质量。

最后，生成性问题浅显，这是指生成性问题没有难度梯度，学生思考时间无差别。一定数量的较简单的识记、理解层面的提问之后，却未适时地引向更高层次需要深度思考的应用提问，这并不利于思维的建构与运用。

（三）目标与效果困境

目标与效果的实施困境，需要单独作为一部分论述。其处于教学实施的一头一尾，对于群文阅读教学的目的——意义建构的达成非常重要。

1. 目标确立丢失重点

目标确立丢失重点体现为两方面：首先，直接目标——教学目标繁多。教学目标是课堂进行的指针，对群文阅读教学来说，目标表述较为特殊的困境在于：目标多而失重点。群文阅读教学在一至两堂课内，需要教学的文本，少则两篇，多则七八篇。这样多的文本，本身读起来就比较花时间，老师还制定多个目标，布置许多任务，贪多嚼不烂，无法深入教学。教学目标需要承载单篇阅读教学和群文阅读教学两种目标，老师忙于识字、朗读，又忙于篇与篇对比，使得教学失去重点，两头都顾不好，意义建构也无法很好地达到。

其次，最终目标——自主建构不充分。意义建构是群文阅读教学的应有之义。除却前文侧面说明意义建构的不充分，这里从其本身分析，实践存在的问题：其一是没有制定明确的要求学生自主建构起对知识、态度、方法的认知结构的教学目标；其二是制定这样的目标，没有实施过程辅助，老师没有充分连结学生已有知识和新学知识，导致知识结构并未发生较大改变。

2. 实施效果不理想

实施效果原本要达到的应该是学生形成一种自主建构知识的意识，学会在课下自行进行相关议题的意义建构。但是事实上却表现为学生的建构意识不足，意义建构不长久。

建构意识不足是指，教师没有充分引导学生自主建构，使得学生本身意识不足。具体表现为：学生不会主动地去探究知识，习惯于老师灌输的课堂，习惯于固有模式的获取知识的方式，不会去变通地吸收新知识；没有兴趣去获取新知，更希望老师直接告诉答案；遇到新知也不愿意或者很难改变已有经验。

意义建构不长久是指，由于教学情境多样性、真实性不足，文本之间连结不充分，学生课堂所学的知识难以迁移到课下其他内容的学习。表现为意义建构没有持续性、延伸性，而没有不断更新扩充的知识结构是不符合认知规律的。常见的是群文阅读教学一堂课结束，却未对课后做巩固检验，没有反思总结的部分，更没有拓展阅读的部分。实际上也很难真的考察到学生的建构质量如何。

二、建构主义视野下的对策研究

要达到所倡导的群文阅读教学首要目的——意义建构，就需要用建构主义学习理论的研究成果辅助教学。以下对策研究从社会建构主义、认知建构主义两种取向展开，其中的情境式教学、支架式教学、抛锚式教学、探究性学习、随机通达教学均对小学群文阅读教学实施困境的改善有所帮助。

（一）社会建构主义提供的策略指导

立足于社会建构主义学习理论，可以利用抛锚式教学、情境式教学、支架式教学提供策略指导教学准备的议题设置、文本组合以及教学过程的提问设计。

1. 设置抛锚式议题，保证可议论性

锚是真实事例或问题，抛锚是确定这类真实事件或问题。抛锚式教学注重课堂导入环节，通过生生、师生的互动交流，达到生成学习的状态，让学生体验解决问题的全过程。群文阅读教学与抛锚式教学的契合之处在于，锚是真实事件或问题，而议题则是可讨论的话题，抛锚与确定议题有相似之处。那么设置议题时需要考虑如下三方面：

（1）议题指向性明确

当锚抛下，教学的内容和进程就有了大致的方向。同样，议题需要承担确定群文阅读教学内容、进程走向的任务。议题的设置需要根据学情、《课程标准》制定，才能保证教学内容、进程不偏离正轨，不浮于表面。做到议题设置精准，有目的性地拓展学生的思维，建构学生解决问题的智慧。

（2）议题增加可议性

抛锚式教学并不追求答案的唯一性。同样，议题在最终达到的教学目的上，也是追求意义建构。也就是学生形成对议题的独一无二的看法，形成知识结构。那么一个好的议题，必定是开放的，具有议论价值的。

以赖玉莲执教的“对友情多面性的探讨”为例，“多面向”只揭示了友情的多样性，但是具体是什么，需要课堂讨论才能得出答案。实际上锚已经选定，但是具体内容和进程的填充却留有余地，会因不同学生、不同老师生成对友情不尽相同的看法。议题激发了激烈的生生共议、热情的师生互动。而上完这一课，必定不只是学生，甚至老师，都会有新的见解。这个过程，是学生结合旧知形成新知，合自己的知识与学习共同体的知识为一体，知识结构升格的过程。也是老师更新自己的知识体系，受到启发的过程。

2. 组织结构性文本，生成教学情境

情境式教学要求教学过程中使学生的学习与具体生活情境结合起来。这种教学方式的作用体现在加深对知识的理解应用。群文阅读教学需要借助情境式教学辅助文本及文本间的理解。每个文本要做到符合学生经验，构建学生主动思考所必需的生活真实情境，激起求知欲望；而多文本间的应对策略则是文本组合多样化，尽可能穷尽所需情境。下面具体谈谈：

（1）教学模式多样化

就教学模式而言，其实本质就是课内文本和课外文本的取舍问题。课内文本可能不足以构建一个完整的情境，课外文本加入则使得情境更加引人入胜。

（2）丰富文本类型

就文本类型而言，文本的选择要能促进情境的创设。文本自身可以分为文字类的、影像类的、音频类的。很明显，越直观越接近真实情境，也越利于理解。但需要注意的是，文本类型的多样性需要视议题而定，不是任何情况下均需完全的多样性。

（3）文本具有互文性

就互文特性而言，文本之间应有冲突有张力并互相补充，激烈的文本对话能促进学生的积极学习。例如在“品析不同文学作品中的狐狸形象”群文阅读中，涉及狐狸的形象，设计者用《我喜欢你，狐狸》《狐狸的故事》两个故事来颠覆课内的狐狸形象。文本就有了可比性，促进了学生的意义建构。

3. 提供学习支架，增强提问有效性

支架式教学强调为学生提供支架，学生进行新任务或者困难任务的学习时，教师为他们提供帮助的各种材料，都属于学习支架。在群文阅读教学中，要搞清楚议题所指，实际上就是老师在不断发问中，让学生有所思考。所以在群文阅读教学中，问题就是支架。在小学群文阅读教学中，老师就应该用问题引发思考，但不能代替学生思考。

（1）主问题：对多篇文本共同发问

群文阅读不是单篇阅读的集合，对多篇文本共同发问才算发挥群文阅读教学的优势。老师提供的支架应该是有思考价值的主问题。共同发问，目的是找出多文本的共性与个性，达到丰富的意义建构，这样的提问更能训练学生的思辨力。

（2）生成性问题：能引发小学生认知矛盾

先展现符合学生已有经验的文本，再展现超出已有经验的。提问要有逻辑有层次，不能提问过于浅显的问题。老师提供的支架作用于超出已有经验的部分，一步步引导，逼着学生理解新的知识。通过分解完成任务，最终能够自己通过建构获得新的图式。

例如，在“品析不同文学作品中的狐狸形象”中，老师就课堂生成的一个问题进一步发问。别人都觉得狐狸的形象奸诈，但唯独一名学生觉得它诚实。老师没有说什么标准答案，而是让学生说出理由。学生通过自己的思考与表述“征服”了部分学生。老师也表示同意。但是随即老师又提问：“觉得狐狸‘奸诈的’来说一说。”老师通过制造矛盾，让学生在提问中不断通过支架获得对狐狸全面的看法。

（二）认知建构主义提供的策略指导

立足于认知建构主义学习理论，可以利用探究性学习、随机通达教学提供策略，指导目标的确立与效果的改善。

1. 自主探究，教学目标重自主建构

探究性学习指学习者在不断交织的“质疑、释疑”的过程中获得知识、发展思维、提升素养的教学活动。而探究性学习指导下的小学群文阅读教学，就是强调学生的自主建构，即强调学生自行发现问题，到解决问题，并完成后续分享、反思，精进自己的思考的过程。那么小学群文阅读教学就应当做到：

（1）精简目标，突出重点

教学目标应该突出群文阅读教学的特性，以议题得到学生自己的建构为重点。其他的教学目标为此重点服务。学生的精力有限，应将问题精简化、集中化，达到学生深层次加工知识的目的。

（2）自主探究，尊重个性

在学生普遍有认知冲突的时候，就是探究发挥最好的时候，这时候可以达到提升学生思维能力的效果。例如，蒋军晶在“创世神话”中，让学生探究各地神话的相同点是什么？为什么会相同。从学生的回答可以看出，关于为何那些创世神话喜欢说初始世界像一颗“蛋”这个问题是有争议的，每个学生都有自己别样的想法。对于异议，通过同侪语言可以优化学生自身的意义建构，对于共识，通过自由分享互相尊重的交流得出，学生欣然接受。

要注意的是，“读者享有文本的解释权”，可以就认知冲突处提出自己的见解，但“解放也有一定限度”，“仍然要有教师适当引导，遵循基本的原则和指向”[4]，否则自主与个性将会没有地基。

2. 注重随机通达，加强课后迁移

随机通达教学，通俗说，就是在不同时间、不同地点、不同情境、不同目的等条件下，反复教学，使学生能够应对真实世界的问题解决。这个教学模式运用于群文阅读，可以为群文阅读教学在更广阔的平台运用打下基础。

（1）课后反馈，举一反三

上完一篇文章，要能让他唤起读其他文本思考的能力。上完群文，更要让他把所学得的知识结构渗透到其他文本的学习中，学会分析整合对比扩展，起到举一反三的效果。这就要求老师给予更多的情境让学生应用，使学生能够达成知识的迁移，完善已有知识结构。

（2）反复建构，培养能力与习惯

反复建构，才可以扩大学生的知识面，他们的知识体系才日益完善。反复建构，随机也带来了理解的多元性，学生不断修正优化知识结构也变得有意义。得到的启示是应该将群文阅读放在一个更大的环境下，不要拘泥于一两节课，这样群文阅读教学的效果才能在长时间内得以显现。换句话说，比起教会学生一节课内有什么知识，更重要的是培养他们自主建构的能力，培养自主学习和独立学习的习惯。

例如学完关于议论文的阅读方法知识时，要带动学生做知识的迁移，培养学生自主建构的能力，养成积极思考的习惯。遇到其他议论文，要会主动回顾联想，之前的阅读方法适合阅读这篇议论文吗，又有哪些个性阅读方法可以整合进原有知识结构中，我以前的理解出现哪些错误需要修正。随机通达教学，可以让学生的知识结构更加灵活，发挥群文阅读教学的最大价值。

三、小结

聚焦意义建构，使得群文阅读教学的首要目的变得明确。利用建构主义学习理论从社会建构主义和认知建构主义两方面提出系统而易理解的策略指导，使得小学群文阅读教学的教学准备、教学过程、目标与效果的实施困境得以改善。

参考文献:

[1] 何克抗. 建构主义的教学模式、教学方法与教学设计 [J]. 北京师范大学学报（社会科学版）. 1997(05):74-81.

[2] 李玉平. 互文性新论 [J]. 南开学报（哲学社会科学版）. 2006(03):111-117.

[3] 刘大伟. 群文阅读教学的三个问题 [J]. 教学与管理. 2016(31):39-41.

[4] 刘大伟，贾敏. 罗兰·巴尔特互文观视角下的群文阅读教学研究 [J]. 教学与管理. 2019(27):80-82.

下篇

实践篇

群文阅读教学的实践篇将从当今阅读教学的热门话题出发，紧扣阅读课堂教学的实效性，与读者一同探索群文阅读教学的实践。

本篇章还安排了群文阅读教学中常见的各类文体的教学实践，包括寓言、说明文、小小说、文言文、古诗、神话、童话、记叙文、爱国题材课文、低年级绘本等。各类文体实践篇目中不仅有作者对该文体的思考与梳理，还附有教学课堂实录，希望为读者提供各类文体教学时的思路，帮助读者找准不同文体的群文阅读教学实践的着力点，丰富群文阅读教学的手段。

第四章

群文阅读教学的实践探索

蒋军晶群文阅读教学中选文的个案研究

常州市西新桥小学　邵鸫瑜

一、选文的互文性原则

刘大伟和蒋军晶在《群文阅读教学：概念、价值及实践路径》中定义了群文阅读教学的概念，文中认为群文阅读教学是指“在单位时间内，围绕一个议题，选择多个文本进行教与学的活动”，并且提出了群文阅读教学的四要素：多文本、议题、教与学、单位时间[1]。群文阅读教学的价值在于帮助实现课程标准的阅读量，满足现实生活阅读的需求。该文还提出在实践中群文构建是群文阅读教学的关键。构建群文就需要在确定议题、选择文章、设计问题三方面下功夫。

群文阅读教学的选文必须服务于群文阅读教学的目标。为了达成群文阅读教学的目标，群文的组成之间就需要具有互文性，即文章之间具有为目标服务的密切联系。遵行互文性原则的选文可以是帮助学生学习一种表达，一种阅读策略，也可以是训练学生的一种思维方式。

图 1

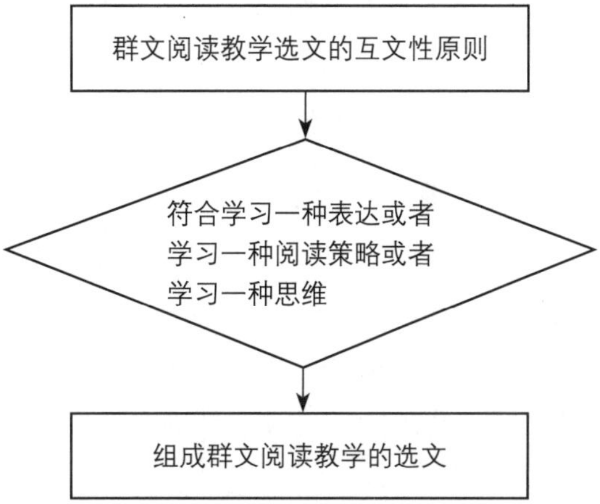

这一原则是群文阅读教学区别于传统单篇阅读教学的关键原则。它使得群文阅读教学不是单纯意义上多读几篇文章，多学几点知识，简单的单篇到多篇，而是实质上区别于传统单篇阅读教学，它帮助群文阅读教学指向了思维的探索，使得课堂成了探索的过程，而非传统的教授某些知识点的过程。互文性的原则是群文阅读教学必须遵守的基础性原则，也是保障群文阅读教学本质的关键性原则。我们可以用上页这张流程图表现群文阅读教学的原则在群文阅读教学里起到的统领作用。

根据以上刘大伟老师与蒋军晶老师关于互文性的解读，我们可以看出群文阅读教学不但是形式上的多文本，更重要的是通过多文本的途径帮助学生构建自己的阅读方式，关注他们的思维训练。群文阅读教学选文是为了服务群文阅读教学，而群文阅读教学的实质，是促进学生的思维。因此选择的文章应服务于这一本质。在具体选文时，我们可以从这三个原则去考虑，根据刘大伟老师与蒋军晶老师的经验，选文时可以只达到其中一种情况而无需面面俱到。这三个原则分别是：

第一，选文帮助学习一种表达。每个人的表达方式都是不同的，都是其自主构建的。学生在群文阅读教学中可以进行大量的自主阅读，这一过程其实就是学生自主学习一种表达的过程。区别于单篇阅读教学，我们把表达的方式直接告诉学生，在群文阅读教学中，学生是自己发现这种表达规律。可以是相似文章排列组合，也可以是多篇不同文章中求同，文章的选择只要可以促进学生感悟到这种表达规律，即可成为选文的一员，为后续进一步精细选择服务。

第二，选文帮助学习一种阅读策略。文章的选择可以是纵向的比较也可以是横向的比较，抑或是相同点与不同点的比较。但文学要素不是选文的重点，此时重在策略而非表达。蒋军晶老师以“预测”“梳理”“生活连接”“比较”的阅读策略为例，这些例子更好地体现了选文是服务于深层思维的本质。文章与文章之间的联系共同帮助学生学习了一种阅读策略，这就是我们所说的选文帮助学习一种阅读策略。

第三，选文帮助练习思维。现代社会是一个多元的社会，单篇文章的一元观点不能很好地让我们学会多元看待世界。因此群文阅读教学选文可以是正面的，亦可以是反面的。呈现某一事物的多个角度，帮助构建多元的观念。现代社会有很多观点，每个人站在不同的立场对同一件事都会有不同的看法，我们在选择文章时，多选取不同的角度，帮助学生从多个方面了解一个事物。蒋军晶举出“长城”的例子向我们说明，选文帮助孩子建立多元的世界观，让他们思维的发散性更强。

群文阅读教学的选文帮助孩子学习一种表达，学习一种阅读策略，练习了思维。选文的本质是服务群文阅读教学，是为了让孩子们不再是单纯地接受，而是塑造探索性的思维，是把思维的过程还给孩子们。

因此选文要遵循互文性的原则，这是群文阅读教学选文必须遵守的原则，它应该贯穿群文阅读教学选文的始终。在现实实践中可以从三个方面考虑选文是否达成互文性。选文时一种是指向学习表达，一种是指向学习阅读策略，还有一种是帮助练习思维。我们始终需要认识到文章之间只有存在互文性，群文阅读教学才可以展开，孤立地将几篇文章组合在一起，不能称之为“群文阅读教学”。

二、选文的一般方法

蒋军晶的“创世神话”是一线教师学习的经典案例，许多第一次接触群文阅读教学的老师都是从这一案例中受到启发。“创世神话”课例中选择了七篇文章：一篇科普文《关于宇宙的爆炸》和六篇神话《诸神创世》《淤能棋吕岛》《盘古开天地》《始祖大梵天》《阿胡拉·马慈达》《巨人伊密尔》，我们可以看出，蒋军晶在选文时首先是有自己思维。以其经典课例“创世神话”为例，他首先提出自己的质疑，然后围绕这一问题，进行大量阅读，在阅读的过程中不断证实自己的看法。他最初发现两个国家的神话是不太一样的，再作出假设，不同国家的神话是否是不一样的，并找寻其他文章验证自己的假设，作出深层次的思考。蒋军晶老师花大量的时间和精力进行自主的阅读，其实这一过程是促进教师本身不断完善自己阅读方式的最佳途径。教师大量的阅读是后续进行选文的第一步，没有这一步，群文则没有来源。我们常常说教给孩子们“一碗水”，自己需要“一桶水”，在群文阅读教学的选文时也是如此。教师不是随意把几篇文章组合在一起就可以称之为“群文阅读教学”，而是教师原本已经体验过、阅读过，只是现在根据学生的情况将难度降低到适于教学。

要使选文开拓学生的视野，同时由于教学主体是学生，选文的过程考虑到学生的适应性也是必不可少的。文本来源既能是课内的也能是课外的，文本不局限于文章，而是一个更大的范畴。文本之间不能是孤立的，文本之间的互文性是必不可少的。但我们发现，即使清楚要选择有多样性且以儿童为本位的文本，很多老师还是觉得在一定的备课时间内找寻一组文章是有困难的。教师如何能够更好地在有限的时间内找到合适的文章？在实践中有哪些步骤和方法是可以遵循的？目前关于这方面的研究尚且空白。因此这就成了我们研究的方向和目标。我们旨在总结归纳行之有效的群文阅读教学选文方法，帮助一线教师顺利完成群文阅读教学中的选文过程。

群文阅读教学培养的是学生的思维能力，它所呈现给学生的文章只是作为载体帮助思维，区别于传统的单篇阅读教学所要呈现的知识性的学习。文章的选择不是必须包含某一知识点，而是多篇文章共同引导孩子们进行一种思考。这就使得群文的选择具有了多样性。相同的议题下，不同的老师进行的选文可以是不完全相同的。

群文阅读教学的选文是具有多样性的，但是群文阅读教学的选文方法是遵循一般规律的。根据选文方法的一般规律，教师可以有效地开展选文。选文方法的一般规律如下：

第一，围绕议题进行大量的阅读。群文阅读教学是引导学生进行思维探索的，因此教师需要在课前就已经有了自己探索的过程。这一过程是在大量的阅读中完成的。教师在大量的阅读之后，会对议题产生自己的构建，课堂只是再次引导孩子们体验在阅读过程中的思维。

教师进行阅读的量是远超过学生的，思维的深度也是大于学生的，所以选文时才能做到有文可选。没有大量的阅读是无法进行后续的步骤的。阅读的内容不止局限在课内的文章，还可以是课外的文章。现代社会信息发达，资讯丰富，可以阅读的材料非常多，但是碎片化的阅读却成为常态，人们习惯于接受某一观点而不做出自己的思考，使得阅读不是思维的过程而是接受信息的过程。为了改善这种情况，在群文阅读选文时进行的大量阅读应是伴随选文者自身思考的过程。

第二，根据学生的学习情况，从已经阅读过的大量文章里选出可以还原思维过程的文章组成群文阅读教学的主体。学生的思维能力达不到十分复杂的程度，课堂上对于思维的探索可以说是老师进行思维探索的一个缩影。选出的文章帮助还原老师进行过的思维探索，课堂上的文章是教师根据学生的思维能力做出的选择。

大量阅读和思考后的教师对于想要让学生体会的思维过程具有深刻的认识，通过其自身的实践，可以发现有很多问题是学生依靠自己的思维无法解答的，而有些是他们可以在思考后有深刻体会的，因此选择课堂教学的群文时最需要考虑的就是学生的学习情况，过分超出会使学生产生疲倦和不适，过于简单则会使群文阅读教学成为只是多看几篇文章实际并没有起到训练思维作用的形式主义。

第三，以是否真正引导学生进行思维探索为依据，反思和调节选文的内容。选文是否合适最关键的取决于是否可以帮助学生有效地进行思维探索，所以只有根据学生对已选文章的反应才能为选文的改善提供依据。

教师在选文时常常会将学生预设得过于简单，以至于选文并不能提高学生的思维能力，群文阅读教学时出现了明知故问的思考，这种情况是需要特别注意的。总的来说，以教师大量阅读思考为依据，结合学生的学习情况，并且达到真实促进学生思维的文章就是我们所需要选出的文章。

此处我们用表格的形式总结在群文阅读教学中的三个方法。这三个方法是依次进行的，帮助教师更好地选出适合群文阅读教学的文章。

图 2

群文阅读教学选文方法
第一，避免碎片化阅读，在进行大量阅读后可以有自己的思考。
第二，学生学习的情况是进行筛选文章的主要依据。
第三，抓住学生课堂上对于选文的反馈，以此作为调整选文的依据。

三、选文的数量

群文阅读教学的主体是学生，因此科学的选文容量可以帮助教学起到良好的作用。现代教学规定了 40 分钟为一节课的时间，考虑了学生的思维和注意力等问题，并且适用于传统单篇文章的教学。但是 40 分钟的课堂不是群文阅读教学的硬性要求，因为群文阅读教学并不一定要学会某个简单的知识，它是根据学生的思维量这一隐性标准衡量的。群文阅读教学的课堂区别于单篇阅读教学的课堂，它不需要老师引导学生不断关注某些知识点的学习，教师的工作更多在选择群文时已经做好了，课堂是引领学生进行思辨的过程，教师更多只是一个话题的开启者和提问者。我们会发现，群文阅读教学的课堂上是相对安静的，学生首先自我阅读构建，在阅读的过程中已经形成了自己的思维，讨论的过程只是将自己的思维表述出来，因此阅读和思维的过程是无法用 40 分钟去约束的。只是 40 分钟可以作为一个单位，群文阅读的教学可以在一个单位或者几个单位内开展。这需要教师根据学生的情况进行把控。

学生的思维情况教师无法准确地控制，但是教师可以根据学生的年龄特点和学习能力调整选文的篇数。蒋军晶建议选文一般 3~5 篇。这是为了保证学生既有充足的时间阅读和思辨，又能在交流的过程中碰撞火花。3~5 篇并不是硬性的指标，教师选文上是灵活的，数量上主要考虑学生的承受能力。选择文章时我们不是以一节课上不完就不选了，而是以是否可以让学生进行思维深度的探索作为选文数量的依据。如果内容在一节常规的语文课上不能全部上完，教师也不必惊慌。只要文章的数量不会由于战线过长导致学生对内容产生模糊的印象，放缓学习进度就是可以接受的。

在传统 40 分钟课时的安排下，建议一节群文阅读教学课选择 3 到 5 篇文章，以达成一方面促进学生在课上有充足的时间阅读和思考，另一方面教师在实际操作中不至于过度引导和干涉的目的。

群文阅读教学还不是主流教学，因此它的开展仍然在教师自身。一线教师开展群文阅读教学时不妨以 3~5 篇作为一个练习，这样既能感受到群文阅读教学的真实内涵也方便操作。实践操作深入后，教师可以再更好地探究。

四、选文的技巧

蒋军晶提出可以将教师自己的个人风格融入到选文的技巧中去，即教师本身可以将自己擅长运用的一些技巧运用到选文中。因为每个人都会有不同的思维过程，最终相同的议题下，选出的文章因为教师个人风格的不同可以不完全相同，教师自己在平时教学中积累的技巧也可以帮助选文。

选文的技巧使用在进行关于群文阅读教学议题的大量阅读之后。没有大量的阅读，再多的技巧也不能实质地帮助教师选文。因此在选文的过程中，教师不能把技巧当作万金油，产生有了技巧就不用大量阅读和思维的想法，这是背离群文阅读教学初衷的。蒋军晶认为的群文阅读技巧是帮助教师在大量阅读后，无法在大量的篇目中做出选择，选出适合课堂的文章时所用到的方法。

现代社会科技发达，选择文章的途径数不胜数，每位教师也都具有自身的阅读习惯，因此选择文章的技巧更是个性化的展现。只要有自己的想法在其中，服务于群文阅读教学的宗旨，就没有对错之分。教师在进行选文时已经产生了自己的构建，对于文章已经有了自己的体悟，在这个过程里也会产生新的思索和方法。思维的探索就是群文阅读教学想要让学生体会的过程。文章在选出后也是为了将这一思维过程让学生亲身体验。这也证明了技巧不是本质影响选文的因素，它可以因人而异，存在多变性，教师不应该成为技巧的拥戴者，而应该成为技巧的使用者和创造者，对于选文技巧的态度应该是开放的。

以下是蒋军晶个人对于群文阅读的选文技巧的两点总结：

第一，基本选择了儿童文学经典、名家、名篇，并尽量保留了文章的原貌，即使是节选某些文章，也不在节选的过程中随意删去其中的内容[2]。让最真实的文本呈现在学生的面前。这样做的原因是保证教师在自己选文时不会产生质疑，优秀的文章本身可以保障教师对于选出文章的自信。另外，保留原貌无形中可以帮助学生感受优秀作品的表达和写作方法等，学生在阅读的过程中不断自我构建，优秀的名家名篇在无形中对他们的构建会产生良性的影响。最后保留这些优秀作品的原貌其实也是为了让学生在思维的过程中更好地体会原作者的意图和思维，更好地与原作产生共鸣和契合。这能有效帮助学生体验思维的过程。

第二，选文的过程可以是教师们共同商议的结果，教师可以就某一议题共同讨论组织一堂群文阅读教学的课。选择文章时，可以是多名教师讨论的结果，这就使选文更具有说服力。众人拾柴火焰高，同一个课题下，共同寻找和思考，不仅节约时间，更在同样时间内产生更多的尝试机会。

参考文献：

[1]刘大伟，蒋军晶. 群文阅读教学：概念、价值及实践路径[J]. 南京晓庄学院学报，2016(1):33-37.

[2]蒋军晶. 让学生学会阅读——群文阅读这样做[M]. 北京：中国人民大学出版社，2016:29.

统编教材的单元构成研究及对群文阅读教学的启示

南京市江宁开发区学校　沈志敏

一、统编教材的单元构成研究

统编教材与传统教材相比最明显的改动之处便是设置了“双线结构”，其在每个单元都设置了“人文主题”和“语文要素”两大目标，旨在统一语文教材的“工具性”和“人文性”的需求。吴玉滨提出，“对统编教材的教学应该打破传统理念中‘就一篇教一篇’的教学模式，尝试以单元为抓手，建构起统整、关联的教学模块”[1]。从某种角度来说，统编教材的单元结构与群文阅读教学理念有着相似之处，都是由一个或多个可讨论的主题和多个文本组合，形成有机的整体。但就文本组织而言，群文阅读教学的议题与文本的选择多是由教师独自完成，其中必然会有些偏颇，不够严谨完整。而统编教材是以传统教材为基础，在此基础上守正创新，贴近新课改理念的同时考虑到了实际使用时的问题，从各方面来说，比前者更加具有参考价值，所以统编教材的单元构成研究也有一定的价值和意义。

（一）单元主题

传统教材也有单元的划分，但只是为了区别学习阶段，本质上单元与单元之间区别不大，单元内部的安排也比较松散，统编教材却在此有了突破性的改动。统编小学语文教材每一单元都有独特的单元主题，根据单元主题对单元内的文本进行挑选，这使得整个单元整体性同以往的教材相比有了提高。除此之外，单元主题的独特性与创新性也是统编教材的一大特点，每一单元都提出了两种不同层面的要求，不仅注意基础知识的教授、读写能力的提高，强调语文素养的培育，也在其中提出了人文性的主题，渗透人文性的价值观。

1. 人文主题

人文主题一直都是教材所追求的一个重要部分，教材不仅是帮助学生获得知识的工具书，也是连接语文与学生生活的桥梁，如何将文化、价值观、人性等等这些抽象而复杂的概念渗透给学生一直都是教育所考虑的问题，而语文学习更是其中的“顶梁柱”。统编教材经过改良，人文主题更加凸显，每一单元的单元导语都明确注明。根据其主题的不同，笔者选取了最具代表性的几大类型：

（1）爱国之情

表 1

来源	导语	篇目
三年级上册第六单元	祖国，我爱你。我爱你每一寸土地，我爱你壮美的河山。	《古诗三首》《富饶的西沙群岛》《海滨小城》《美丽的小兴安岭》
四年级上册第七单元	天下兴亡，匹夫有责。	《古诗三首》《为中华之崛起而读书》《梅兰芳蓄胡》《延安，我把你追寻》
五年级上册第四单元	为什么我的眼里常含泪水？因为我对这土地爱得深沉……——艾青	《古诗三首》《中国少年说（节选）》《圆明园的毁灭》《木笛》
五年级下册第四单元	苟利国家生死以，岂因祸福避趋之。——（清）林则徐	《古诗三首》《军神》《青山处处埋忠骨》《清贫》
六年级上册第二单元	重温革命岁月，把历史的声音留在心里。	《七律·长征》《狼牙山五壮士》《开国大典》《灯光》

爱国主义教育是最受重视的，爱国是对学生最基础的要求之一，但对小学生来说，“爱国之情”仅仅靠口头说说是无法传达的。从统编教材可以看出其中爱国主义教育比重很大，而且考虑了学生的年龄层次，从祖国风光的欣赏到英雄故事的传颂，从历史血泪的反思到对革命先烈的崇敬，由浅入深逐步向学生展示一个国家的历史发展。学生只有深入了解，才能产生情感上的共鸣。

统编教材几乎将爱国主义教育贯穿了整个小学阶段，这样做就是希望学生可以铭记历史，不忘先辈。较传统教材来说，新教材对爱国题材的课文安排更加集中，让学生在有限的时间内跟随课文不断深化情感体会，这样也许会留下更加深刻的印象。

（2）传统文化

表 2

来源	导语	篇目
三年级下册第三单元	深厚的传统文化，中国人的根。	《古诗三首》《纸的发明》《赵州桥》《一幅名扬中外的画》
六年级下册第一单元	十里不同风，百里不同俗。	《北京的春节》《腊八粥》《古诗三首》《藏戏》

温儒敏提到统编教材的一大特点便是“守正创新”[2]，传统文化需要一代代的流传，让新生代的学生也知道自己国家的文化历史，所以统编教材也安排了以传统文化为主题的单元，并且层次鲜明。三年级的单元主要是介绍我国独创技术和代表作品，重在宣传，而六年级的单元更加注重传达作者于传统节日中寄托的情感，这一单元为学生介绍了许多风俗，不仅有现在仍然保留的春节、腊八节，还有古代的寒食节；不仅有汉族的中秋节，也介绍了少数民族的“藏戏”。这些风俗的介绍一方面扩大了学生的眼界，激励学生更多地去了解中国不同时代、不同地方的习俗；另一方面也是中国传统文化的浸润和熏陶，告诉学生在接受外国文化刺激的同时，也不能忘了祖祖辈辈的传统与纪念，这才是传统和现代的羁绊。

同样都是传统文化，三年级更偏向于古代先进技术，而六年级则更偏向于仍保留至今的日常生活中的节日，一远一近，一浅一深，使得学生对于传统文化内涵的理解更加深入。

（3）美好品格

表 3

来源	导语	篇目
三年级上册第八单元	美好的品质，犹如温暖的阳光，带给我们希望和力量。	《司马光》《掌声》《灰雀》《手术台就是阵地》
四年级下册第七单元	没有伟大的品格，就没有伟大的人，甚至也没有伟大的艺术家，伟大的行动者。——（法）罗曼·罗兰	《古诗三首》《文言文二则》《“诺曼底号”遇难记》《黄继光》

较之前的文章，以美好品质与品格的传输为中心的文章对于学生人生观与价值观的建立更加直接一些，但还是蕴含在了故事之中，却又与寓言故事不同，不同于从动物身上懂得道理，更多是从各种人物身上看到人性的光辉与力量，这对

于学生来说理解更加有难度，但更具有塑造力。随着学生年龄与阅历的增长，对人的学习与模仿会渐渐成为他们的主要学习方式，所以为学生树立一种“榜样”很有必要，不一定要十全十美，但一定要有独特的闪光点与正确的价值导向，这样才能给学生树立正向的观念。

人文性主题的提出意味着统编教材将学生的个性发展、情感和谐和内心体验的重视程度又推上了一个新高度。现代教育的最终目的不仅是培养出有文化、有学识的青年，而且是希望提高学生的综合素质，使学生无论是在学业上还是在生活中，都能够树立起正确的世界观、人生观和价值观。

2. 阅读策略

如何教会学生阅读策略是除人文主题之外的另一大语文教育重点，特别对于小学阶段的学生，阅读的训练必然是在为学生未来学习生活打下基础。统编教材为了突出强调这一点，在单元导语上也明确了这一单元需要教给学生的阅读策略。

表 4

学习策略	来源	导语	篇目
默读	三年级上册第八单元	学习带着问题默读。理解课文的意思。	《司马光》《掌声》《灰雀》《手术台就是阵地》
复述	三年级下册第八单元	了解故事的主要内容，复述故事。	《慢性子裁缝和急性子顾客》《方帽子店》《漏》《枣核》
	五年级上册第三单元	了解课文内容，创造性地复述故事。	《猎人海力布》《牛郎织女（一）》《牛郎织女（二）》
想象	三年级下册第一单元	试着一边读一边想象画面。	《古诗三首》《燕子》《荷花》《昆虫备忘录》
	三年级下册第五单元	走进想象的世界，感受想象的神奇。	《小真的长头发》《我变成了一棵树》《一支铅笔的梦想》《尾巴它有一只猫》
	六年级上册第七单元	借助语言文字展开想象，体会艺术之美。	《文言文二则》《月光曲》《京剧趣谈》
批注阅读	四年级上册第六单元	习用批注的方式阅读。	《牛和鹅》《一只窝囊的大老虎》《陀螺》

统编教材从默读、略读、精读等多方面提出了具体的策略。小学期间是学生

阅读能力得到锻炼的最好时期，只有掌握了各种阅读策略，才能提高阅读速度和阅读效率。学生不仅要学会精读课文、体会情感，还需要培养快速浏览文章、提取有利信息、梳理文章段落等能力。学生不能永远精读课文，所以略读的训练也很有必要。除此之外，统编教材对于同样的要求也分出了具体的层次，如想象力的训练，对于中年级的学生来说，主要是对一些具体的事物的想象或是脱离实际的幻想，而对于高年级的学生来说，需要他们根据文字对一些抽象的内容想象并体会，这样的策略安排既符合实际也帮助学生逐步学习和掌握。

虽然语文教育一直强调对学生进行阅读培养，但随着时间的推移，越来越多的教学使其从课文文本中脱离出来，将学生的“读”与“写”分离，所以此次统编教材对于每个单元都进行了清晰的划分，提出了具体的要求，看似是将阅读策略单独提出，实则是不断提醒教育者将其融入自己的教学之中。

可以看出，统编教材中大部分单元导语提出的阅读策略都有着比较明显的特点：一是具有连贯性，一般其提出的第一个要求和第二个要求是连贯的，如第一个要求是了解基本说明方法，第二个要求便是运用方法进行写作，不仅提到了阅读策略，也将写作锻炼与其相联系。可以看出，统编教材摒弃了之前部分“读写分家”的情况，而是更加追求“读写结合”，让学生在阅读中体会技巧和方法，有所收获的同时也能够运用。二是具有可操作性与可测量性，前文提到部分教学将阅读策略单独列出来教授，其实一部分原因也是传统教材提出的要求不够清晰或是过于集中，技巧与策略的习得本就不能一蹴而就，过于集中的安排使教师难以在每节课中“定量”教授，最终使得知识与技能的学习被割裂。而统编教材在单元导读中提到的语文素养的要求不仅有具体的安排，帮助教师在每一节课落实，还有明确的指标可以判断学生是否从阅读学习中有所掌握，这对教师来说课堂教学线索更加清晰，重心更加明确，也可以直接看出学生的收获与不足。

（二）单元文本

一个单元，不仅要有统领性的单元主题，其中文本的选择与安排也至关重要。统编教材在课文的选择和安排上也有了很大的变动，不仅数量差别大，文章的体裁、结构和表达方式也不尽相同。

小学语文教材中课文的体裁一直比较丰富，主要以记叙文、说明文、诗歌、小说、寓言、童话等体裁为主，统编教材在此基础上增加了适合小学生学习的文言文，其中的单元也可以根据文本体裁的不同分为体裁统一单元和体裁混合单元。

体裁统一单元顾名思义就是单元内的课文都是同一种体裁类型，让学生在同一种体裁的文章中体会这类文章的独特之处，在之后的学习生活中学会判断，理解其创作的重点及价值。统编教材这样安排也更具有针对性。

表 5

来源	导语	篇目
三年级上册第三单元	乘着想象的翅膀，游历奇妙的童话王国，看花儿跳舞，看星星唱歌。	《去年的树》《那一定会很好》《在牛肚子里旅行》《一块奶酪》
三年级下册第二单元	寓言是生活的一面镜子。	《守株待兔》《陶罐和铁罐》《美丽的鹿角》《池子与河流》
四年级上册第四单元	神话，永久的魅力，人类童年时代飞腾的幻想。	《盘古开天地》《精卫填海》《普罗米修斯》《女娲补天》
四年级下册第三单元	诗歌，让我们用美丽的眼睛看世界。	《短诗三首》《绿》《白桦》《在天晴了的时候》
四年级下册第八单元	奇妙的童话，点燃缤纷的焰火，照亮我们五彩的梦。	《宝葫芦的秘密》《巨人的花园》《海的女儿》
五年级上册第五单元	说明文以“说明白了”为成功。——叶圣陶	《太阳》《松鼠》《鲸》《风向袋的制作》
六年级上册第四单元	小说大多是虚构的，却又有生活的影子。	《桥》《穷人》《在柏林》

体裁的认识与学习也是小学语文学习的重点之一，不同的体裁其表达方式、核心内容、思想内涵等等都是不同的，所以对应的教学重点也有所不同。对于童话来说，是希望能够让学生发挥想象力；对于寓言来说，在于让学生从故事中明白一些人生道理；对于诗歌来说，是希望学生能够体会这种独特的形式美和其中的情感……统编教材将同一体裁的文本编入一个单元，放大这一体裁的独特特点之外还加深了学生对其的理解，同样的体裁在具体的文章中也会呈现不同之处，让学生从多个角度、多种层次来了解，也能提高学生阅读时的思考、思辨能力。

体裁混合单元则根据主题选择了不同体裁的文本，相同体裁的文章一方面会让学生审美疲劳，激发不了他们的阅读兴趣；另一方面对教学来说也没有创新与亮点。所以统编教材在组合文本时除去体裁统一的单元，对于其他单元尽量选择了不同体裁的文本，如六年级上册第七单元，其主题是体会艺术的美好，选择了两篇文言文（《伯牙鼓琴》《书戴嵩画牛》）、一篇记叙文（《月光曲》）和一篇杂谈（《京剧趣谈》），这样丰富的体裁不仅让学生认识到了不同类型的文章，也让学生从更多的角度去体会艺术之美。再如六年级下册第一单元，其主题是风俗，选择了三篇散文（《北京的春天》《腊八粥》《藏戏》）和三首古诗（《寒食》《迢迢牵牛星》《十五夜望月》），这一单元虽然文本体裁种类不多，却选得很恰当，像“寒食”这一习俗只在中国古代有，所以古诗就是最好的载体。这一单元并非要科普不同风俗，而是要借各种风俗展现不同民族文化的独特魅力，所以散文这种“形散神不散”的类型就非常适合。可以看出，统编教材在文本体裁的选择上用了很多心思，不仅保证学生能够阅读到类型多样的文章，还注意了文章体裁与单元主题的契合性，尽可能地考虑各个方面的要求，才最终将文章呈现在教材上。

综上所述，统编教材的单元内各部分较传统教材有了很大的改变，使得新教材的每一单元内部联系更加紧密，逻辑更加清晰，学生思考得以更加深入，整体单元构成更加集中，不再是零散状的分布。单元与单元间的区别也更加明显，对于学生来说，阅读的目标与技巧更加清晰，对文章的学习也越来越流畅。

二、对群文阅读教学的启发

前文曾提到过，统编教材的单元构成与群文阅读的结构有相似之处，此次统编教材对于一个单元的编排尤为重视和注意，自然对群文阅读如何选择议题和文本等问题也有所启发。

（一）议题的确定

对于群文阅读教学来说，议题就是课程的灵魂。群文阅读教学也一直都采取着“一篇带多篇”的教学模式，希望通过这样的方式来扩大学生的阅读量，事实证明这种方式是可行的，但也存在着部分问题。

群文阅读教学比起一般的常规课更加考验教师的个人能力。和传统教材的编排一样，许多群文阅读教学课为了降低难度，也只选择一个层面来学习，但从统编教材的单元构成中可以看出，语文的“人文性”与“工具性”都是现在所强调和推崇的，对于群文阅读教学来说，其议题也可以从多层面考虑，实现“双线”结构。大部分的群文阅读教学还是着重于阅读策略和写作策略的教学，容易忽略人文性价值观的传输。其实根据前文对统编教材单元的人文主题的提取分类，群文阅读教学也可以以此为议题，如对亲情与友情的探讨，这些情感如何具象化于我们的生活中，我们是怎样表达自己的情感的等等。情感态度价值观本就不是一板一眼的东西，每个人的体会不同，自然会形成讨论与思考。

在陈明华的“古诗中的酒”这一课例中选择了四首含“酒”的古诗，让学生从景色描写、意象选择和情感表达上讨论古诗中“酒”的存在意义，其实也是一类古诗的阅读策略的学习，但除了对于古诗中蕴含的不同的情感简单归纳概括以外，是否可以对诗人表达的情感进行深入一点的探究呢？例如从诗人的生平，当时所处的境遇或是诗人本身的性格特点等方面进行讨论，这样除了可以看出诗人通过什么技巧表达感情，也可以深入体会一首诗中蕴含的诗人的内心感触，对学生来说也是一次对人生的思考。当然，在有限的时间内如何进行双方面的把握和协调还需要教育者进行不断的摸索和实践，但这对于群文阅读教学来说也是一种思考方式。

对于学生来说，情感上的体会是阅读后的第一体会。诚然，技巧型策略是学生共有的一大难题，但不应该就此忽略学生情感上的获得，特别是群文阅读这样的教学方法，要希望借助阅读的方式来锻炼学生，就更要使学生保持对阅读的热爱和积极兴趣，所以统编教材在单元主题上形成的人文主题与语文素养双线交织的形式也值得群文阅读教学在选择议题时参考一番。

（二）文本的选择

如果说议题是群文阅读教学的灵魂，那么文本便是组成身体的血肉，文本的选择直接影响着课程的好坏。从文本体裁上来说，群文阅读教学毕竟是由教师自己寻找并编排文本，很难达到一般教材几乎面面俱到的程度，所以从某种程度来说，教材也可以看成已经确定议题并组合好文本的群文阅读教学的基础形态。目前大部分群文阅读教学课更偏向于对同一体裁的分析，一方面可以更加凸显这一类文章的特点，也可以进行细致地区分，如王华的“读读寓言故事”这一课例中都选择了寓言体裁的文章，就是为了凸显寓言的寓意这一独特之处；另一方面也是为了保持和自己选择的课文同一体裁，更加方便学生对其进行异同点的概括，如蒋军晶的《去年的树》，都是童话文本，学生很容易归纳出童话有不同的风格这一要点。

其实以上这些在统编教材中也有所体现，那么群文阅读教学是不是也可以尝试不同体裁文本的混合教学？就像在统编教材的单元构成的研究中所提到的，体裁混合的教学并非越丰富越好，一方面要考虑是否符合议题，另一方面也要考虑是否适合学生来阅读。如对某一位作者或诗人进行探讨，以苏轼为例，那么可以选择苏轼自己写的诗词，也可以选择其他古人写苏轼的诗或古文节选，还可以选择现代人对苏轼评价的文章，这些文本体裁对教学内核影响不大，但可以让学生感受不同时代的独特风格，在阅读方面也别有趣味。再如给出一段故事大意，将其以不同的文体呈现，分别给出一段说明文、记叙文、散文、诗歌等等，让学生发现它们不同的侧重点，体会不同体裁的文本带给人的不同的感觉，在学习的同时也可以让学生培养自己的阅读兴趣。

不同体裁的碰撞可以使普通的议题变得有趣起来，也可以让学生发现每种体裁都有独特的韵味。还有一些内容不同的体裁呈现出来的感觉就是不一样的，如古典文化，这种内容由古诗或古文呈现最独有韵味；如知识科普，则以说明文形式呈现最为严谨。这些细节都在不断地影响着学生的阅读体验和阅读收获，群文阅读教学可能不能像统编教材的单元编排一样如此周详，但以此为参考也不失为一种自我完善的好方法。

参考文献：

[1] 吴玉滨. 单元统整教学，要抓住语文要素这条线 [J]. 小学教学参考，2020(13):22-23.

[2] 温儒敏. “部编本”语文教材的编写理念、特色与使用建议 [J]. 课程、教材、教法，2016，36(11):3-11.

关于运用文学圈进行群文阅读教学的探究

宜兴市钮家小学　华璐瑶

一、文学圈是什么

美国的凯瑞·梭特教授在20世纪80年代首次提出了文学圈这个概念。之后，在1994年，哈瑞·丹尼斯出版了一本介绍文学圈的书，从此，文学圈在世界各地蓬勃发展[1]。2002年，哈瑞·丹尼斯将文学圈的概念加以发展延伸，成为较有结构的教学活动。2002年，吴敏而老师尝试将文学圈的活动延伸到文学之外的学习。

在文学圈中，学习内容是具体明确的，学生有权“自行编写讨论题目”。其次，文学圈中的合作方式巧妙灵活，师生之间的关系也是属于民主互助型的。最后，文学圈实现了对学生读写听说能力训练的自然整合，且它的反思评价具有很强的针对性。希尔·约翰逊和诺埃等学者指出，文学圈还具有以下优点：促进学生对文学的喜爱和积极的文学态度；构成以读者为主的阅读策略；对话和讨论自然地会引导学生探究问题，并能进行批判思考；能支持对文本的不同观点；促使更多元的观点呈现，并能透视文学的多面层次[2]。

二、如何尝试运用文学圈进行群文阅读教学

群文阅读和文学圈都为阅读教学注入了一股新的力量，都有着各自的优点和价值，那么，我们可不可以尝试着把这两种阅读方式结合起来，取两者所长，进行阅读教学呢？针对这个想法，笔者进行了相应的探究。

首先，我们需要阐明阅读方式那么多，为什么单单选“群文阅读”和“文学圈”这两个概念进行研究？它们有着怎样的价值值得我们去研究，对于阅读教学

又存在着怎样的意义呢？其次，文学圈和群文阅读作为较为突出的阅读方式，它们的闪光点分别又是什么呢？此外，同样是用来进行阅读教学的，它们之间的特性是否存在着一些较为相似的地方呢？最后，如果运用这两个概念设计一次阅读教学活动，我们首先要找出文学圈最突出的特性是什么，群文阅读最突出的特性又是什么，然后，在不改变这两个突出点的基础上，找一找它们之间存在哪些共性，在这些共性的基础上，我们再来设计一堂阅读教学课。设计结束后，我们还要尝试完善它，使它能够更加具体有效。

（一）契合点

经过探究，笔者认为它们的契合点是：多文本、合作探究、对比教学。

首先，这两种阅读教学方式都是建立在多文本之上的，且文本之间都有着一定的联系，也就是说这两种阅读教学所选择的文本都具有互文性。此外，这两种阅读教学方式都主张以合作学习为主，学生以小团体的形式共同思考探究阅读中的问题。它们还都很注重培养学生的合作精神和协作能力，并且都充分体现了学生的主体地位，教师仅仅在旁起指导和辅助作用。这两种阅读教学方式还都注重学生探究能力的培养，鼓励、引导学生发现更多的问题，并且自己尝试解决这些问题。最后，这两种阅读教学方式都存在着文本与文本之间的对比，通过不断的对比阅读发现文本与文本之间的联系，深入探究文本的内涵。

（二）探究设计

本研究将从“一篇带多篇”“课内多篇”“课外多篇”这三种群文阅读教学模式探究如何运用文学圈进行群文阅读教学。

1.“一篇带多篇”模式

（1）简要概述

“一篇带多篇”指在阅读教学中以课本中的一篇文章为主进行精读，辅以其他文章的泛读，简而言之就是精读一篇文章，略读多篇文章。要注意的是，略读的这些文章必须是由精读的那一篇文章引申出来的一组文章。这种阅读模式操作时一般需要两课时，一课时用来精读选定的那一篇课文，一课时用来进行群文阅读。对于课时顺序的具体设定，蒋军晶老师认为哪一个课时用来精读，哪一个课时用来群文阅读可以根据实际情况来定，没有固定的限制。

（2）探究尝试

那在这种“一篇带多篇”的阅读教学模式下该如何尝试运用文学圈进行群文阅读教学呢？笔者进行了以下的探究尝试：

① 第一课时精读，第二课时群文阅读

第一课时首先呈现出需要精读的课文，学生在老师的指导下对这篇课文进行深入的学习探究。第二课时老师采用文学圈的活动方式，先出示由这篇课文引申出来的其他文章供学生自由选择，选择同一篇文章的学生自由组成 5 人一组的文学小圈圈，并各自选择老师提供的 5 种文学圈小角色中的一种，然后依据自己的角色任务自由进行阅读，写下相应的读书笔记。当所有小组成员都自由阅读完毕后，由担任研究会主席角色的学生组织小组成员在组内各自依次发表自己的收获和感悟，然后再在老师的组织下由记录小天使进行相应的结论阐述，在这个过程中要注意对学生的评价，这里采用的评价方式不同于一般教学的评价方式，而是采用文学圈教学实践中的更加贴切、更完善的评价方式——教师评价和学生自评。教师评价时要注意以肯定和鼓励为主，然后婉转点出不足之处，这样既可以增强学生的自信心，又可以激发他们探究的积极性。学生自评可分为发言者本人自评和小组成员自评，这样的评价方式可以帮助学生全面地认识到自己的优点和不足，便于小组最后的反馈。当各小组的记录小天使阐述完毕后，所有小圈圈再采用群文阅读教学中对比教学的阅读方式将本小组所研究的文章和第一课时精读的课文进行对比阅读，探究两者在写作手法、主题、内容情感等方面有哪些相同和不同之处，可以说这是该教学的重点内容，因此老师要注意指导帮助学生进行相应的对比探究。

由于是初次尝试，笔者认为两课时的时间可能不足以完成教学，因此，可以再增添一课时。第三课时主要用来让学生交流讨论，各小组的研究会主席在老师的指导和安排下依次阐述该小组所探究到的本小组研究的文章和精读课文的异同之处，其他学生可进行相应的补充。

② 第一课时群文阅读，第二课时精读

第一课时先出示几篇和精读课文相似度高、有关联的文章让学生自由选择，同样按照文学圈的活动方式组成小组，选择角色自由阅读，并进行组内交流。当所有小组交流完毕后，各小组的记录小天使在老师的组织下依次阐述本小组的收获，在这里，我们同样采用文学圈实践中的评价方式——教师评价和学生自评，来进行评价。当各小组的记录小天使阐述完毕后，所有小圈圈再采用群文阅读教学中对比教学的阅读方式将本小组所研究的文章和第二课时精读的课文进行对比阅读，找出两者有哪些异同之处，写下相应的读书笔记，同样进行组内交流。最后，所有小组在老师的组织下由研究会主席阐述本小组的探究结论，当所有小组都阐述完毕后，老师再引导学生思考这些结论之间有什么关联。找出关联之后，第二课时我们就可以根据这些关联对精读文章进行深入探究。

2.“课内多篇”模式

（1）简要概述

由于课内规划的“单元主题”文章与文章之间的互文性不够清晰明确，不适合群文阅读教学，因此蒋军晶老师将教材按照一定的议题重新进行了规划，也就是说“课内多篇”这种阅读教学模式是对现有教材的重新组合。组合时一个议题大概编排四篇文章，其中精读课文两篇，略读课文两篇，一般需要 5~6 课时，先用 4 课时精读课文，然后再用 1~2 个课时展开群文阅读。

（2）探究尝试

那在这种“课内多篇”的阅读教学模式下又该如何尝试运用文学圈进行群文阅读教学呢？要注意的是和“一篇带多篇”模式一样，在这种模式下精读和略读没有先后之分，我们一般采用先精读后略读的顺序，因此，笔者就以此为例进行探究。

第一步，学生在教师的指导下对选定的两篇课文进行精读，一般一篇课文需要 2 课时。第二步，将四篇文章结合起来进行群文阅读。首先，老师按照文学圈的活动方式先出示两篇略读课文，学生自由选择，组成小组，选择角色自由阅读，找出这四篇课文共有的议题是什么，然后请各小组采用群文阅读教学中对比教学的阅读方式探究两篇精读课文和本小组所选的略读课文它们的侧重点分别是什么，以文章的侧重点为教学线索再进行探究，让各小组成员共同梳理、验证每篇文章的侧重点，然后由记录小天使在老师的组织下进行阐述，对于阐述的内容，我们同样采用文学圈实践中的评价方式——教师评价和学生自评，来进行评价。

3.“课外多篇”模式

（1）简要概述

在这种模式下你可以制定一些更实用、更有创造力的议题，不必再拘泥于那些人文类的文本，阅读内容的类型也可以多样化，但此种模式对阅读文本的选择是一个很大的挑战，你需要有广阔的阅读面来为你选择文本提供有力的支撑。

（2）探究尝试

在这种“课外多篇”的阅读教学模式下该如何尝试运用文学圈进行群文阅读教学呢？笔者认为对于课外的文章我们不必拘泥于精读，关键在于培养学生的发散性思维，而且，这种模式教学没有特定的课时限制，课时的多少都由实施者决定。

老师按照文学圈的活动方式提供多篇有关联的文本让学生自由选择，组成小组，选择角色自由阅读，并进行组内交流。当所有小组成员都自由阅读完毕后，由担任研究会主席的学生组织小组成员各自依次发表自己的阅读收获，由记录小天使记录下来。在所有小组讨论完毕后，老师请各小组的记录小天使依次按照文本的顺序阐述他们的理解和收获，对于阐述的内容，我们同样采用文学圈实践中的评价方式——教师评价和学生自评，来进行评价。当所有小组都阐述完毕后，再请各小组根据所有小组汇报的对于不同文章的剖析来将这些文章进行群文阅读，并采用群文阅读教学中对比教学的阅读方式思考这些文章具有什么共同之处，又有哪些不同之处。

三、总结

本研究立足于尝试运用文学圈进行群文阅读教学，这种新型的阅读教学方式能够更快捷地实现课程标准要求的阅读量，在限定的时间内阅读更多的书籍，满足学生日益增长的阅读需求，这在很大程度上改变了“少费差慢”的阅读状况，还间接地提高了学生的写作能力，为他们的写作提供了大量丰富、精彩的素材，并且使其能够在写作时运用不同描写事物的手法和技巧，为他们的作文增添更多的闪光点。

本文研究的这种阅读教学方式让课堂与生活化的阅读接轨，将阅读课堂和生活结合起来，而不是仅仅局限于课本的阅读教学，同时这种探究式的课堂还能够激发学生的兴趣，不断提高学生的阅读思辨能力和合作探究能力。这种新型的阅读教学方式中所选用的评价方式也能够在一定基础上培养学生的自信心，突破传统的固有评价的局限，鼓励学生大胆思考，积极阐述自己的观点和看法。

但是，这种阅读教学方式不可避免地存在着一定的局限，它对于教师的要求较高，就笔者目前的水平来说想要实施还存在着很大的问题，因此，笔者希望在自己具有了一定的能力之后能够进一步探究这种新型的阅读教学方式。

参考文献：

[1] 吴敏而. 文学圈的组织与开展 [J]. 福建教育，2007(05):34.

[2] 姚家锐. 文学圈教学法初探 [D]. 金华：浙江师范大学，2009:56.

小学群文阅读的课堂教学评价研究

苏州大学文学院　王倩倩

一、小学群文阅读课堂教学评价指标体系的初步构建

教学是教师教与学生学的双向互动活动，由此，群文阅读的教学也应该关照教师与学生两方面的评价，贯彻《课程标准》所强调的"学生是学习的主体"理念。笔者把一级指标分为教师教学评价和学生学习评价两方面。其次，再参照教学进程，把二级指标分为课前、课堂、课后三个过程，接着根据教师和学生情况，细分为课前教学设计、课堂教学过程、课后教学效果、课前准备、课堂学习、学习效果。根据 CIPP 评价模式更加关注过程的特点，以及《课程标准》再评价建议中所强调的形成性评价，在三级指标中笔者会对课堂部分进行细致划分。由于群文阅读教学不同于单篇阅读教学，它有着一个议题、多篇文本、师生互动等鲜明特点，因此在三级指标中要体现出来。现初步构建出群文阅读的课堂教学评价的指标体系，其中一级指标 2 个、二级指标 6 个，三级指标 20 个，如下表：

表 1　小学群文阅读课堂教学评价指标体系的初步建构

一级指标	二级指标	三级指标	三级指标内涵
A1 教师教学评价	B1 课前教学设计	C1 教学目标	D1 1. 符合《课程标准》，体现三维目标 2. 符合学情，考虑学生已有知识经验 3. 具体可测，操作性强
		C2 议题选择	D2 1. 有价值，可议性 2. 贴合课内教学及学生实际
		C3 文本选取	D3 1. 长度及难度适合 2. 具有互文性

（续表）

A1 教师教学评价	B1 课前教学设计	C4 问题设计	D4 1. 贴合教学目标及学情 2. 针对多篇共同发问 3. 解答域宽
	B2 课堂教学过程	C5 时间安排	D5 教师讲解适当减少，学生思考讨论适当增多
		C6 教学方法	D6 1. 契合教学内容和学生实际 2. 注重启发诱导 3. 恰当使用教学媒体 4. 注重灵活运用、及时调节
		C7 教学环节	D7 1. 衔接合理，张弛有度 2. 较好实施预设问题并有所生成
		C8 教学态度	D8 1. 鼓励、引导学生 2. 尊重多元解读 3. 沉着冷静，灵活应对
		C9 教学互动	D9 1. 师生互动有效热烈 2. 生生互动有效热烈
	B3 课后教学效果	C10 学生评教	D10 1. 学生练习或作业效果较好 2. 学生有所收获，满意度较高
		C11 教师自评	D11 完成教学目标，有良好的教学生成
		C12 教师他评	D12 获得多名教师认可
A2 学生学习评价	B4 课前准备情况	C13 预习情况	D13 查阅相关资料，了解群文阅读概念及流程
		C14 学习态度	D14 有参与的积极性，学习的好奇心和信心
	B5 课堂学习过程	C15 知识与能力	D15 1. 掌握本节课的核心知识 2. 扩展阅读量，阅读能力有所提升（包括独立思考、思辨能力）

（续表）

A2 学生学习评价	B5 课堂学习过程	C16 过程与方法	D16 1. 掌握相关阅读方法（默读、略读、浏览等） 2. 认真倾听，独立思考，合作探讨
		C17 情感、态度与价值观	D17 1. 有阅读兴趣，课堂参与度高 2. 有科学精神和求真意识，克服困难
	B6 课后学习效果	C18 教师评价	D18 较好完成练习，达到教学目标
		C19 学生自评	D19 对自己本节课的收获满意度较高
		C20 同学互评	D20 能很好参与合作，掌握知识和能力，综合表现良好。

二、指标的筛选与指标内涵的修改

（一）指标筛选及其内涵修改的方法

本次研究采用德尔菲法。因为群文阅读教学的实施者是一线教师，他们对此有着更直接和深刻的体验和思考，本次调查的对象确定为江苏省无锡市和南京市的 10 位一线教师，采用两次德尔菲问卷调查方法，收集教师关于群文阅读的课堂教学评价的指标建构与修改的意见，以形成最终的指标体系。

（二）第一次德尔菲法调查问卷结果的分析

笔者发放了调查问卷 10 份，回收了 10 份，现在将数据用 Excel 表格加以整理，并将意见加以归纳，如下表 2 和 3 所示：

表 2　第一次德尔菲法问卷调查的数据统计表

指标	极重要人次 5 分	重要人次 4 分	无意见人次 3 分	不重要人次 2 分	极不重要人次 1 分	总数 T	平均数 M	众数 MO	标准差 SD	|MO−M|
A1	4	6	0	0	0	44	4.4	4	0.49	0.4
A2	9	1	0	0	0	49	4.9	5	0.30	0.1
B1	6	3	1	0	0	45	4.5	5	0.67	0.5
B2	10	0	0	0	0	50	5	5	0.00	0

（续表）

B3	5	3	0	1	1	40	4	5	1.34	1
B4	3	5	0	2	0	39	3.9	4	1.25	0.1
B5	8	2	0	0	0	48	4.8	5	0.40	0.2
B6	3	5	0	2	0	39	3.9	4	1.25	0.1
C1	7	3	0	0	0	47	4.7	5	0.46	0.3
C2	8	2	0	0	0	48	4.8	5	0.40	0.2
C3	9	1	0	0	0	49	4.9	5	0.30	0.1
C4	8	2	0	0	0	48	4.8	5	0.40	0.2
C5	3	5	2	0	0	41	4.1	4	1.35	0.1
C6	3	6	1	0	0	42	4.2	4	0.60	0.2
C7	3	2	3	2	0	36	3.6	3	1.11	0.6
C8	3	7	0	0	0	43	4.3	4	0.46	0.3
C9	4	6	0	0	0	44	4.4	4	0.49	0.4
C10	5	2	2	1	0	41	4.1	5	1.04	0.9
C11	5	4	1	0	0	44	4.4	5	0.66	0.6
C12	5	4	1	0	0	44	4.4	5	0.66	0.6
C13	2	3	3	2	0	35	3.5	3	0.94	0.5
C14	4	4	1	1	0	41	4.1	4	0.94	0.1
C15	5	2	3	0	0	42	4.2	5	0.87	0.8
C16	5	2	3	0	0	42	4.2	5	0.87	0.8
C17	5	2	3	0	0	42	4.2	5	0.87	0.8
C18	4	3	2	1	0	40	4	5	1.00	1
C19	5	2	2	1	0	41	4.1	5	1.04	0.9
C20	6	2	1	1	0	43	4.3	5	1.00	0.7

表 3　第一次德尔菲法问卷调查的教师意见整合情况

指标	教师意见整理
一级指标	无意见
二级指标	1. B3 课后教学效果与 B6 课后学习效果有重合部分，教学效果中包含学生学习效果。
三级指标	1. C7 教学环节与 C4 问题设计、C5 时间安排等有重复部分；C7 教学环节可取消。 2. C8 教学态度难测评，且没有标准线，建议删除。 3. C13 预习情况这一项不应硬性要求，群文阅读多强调课堂学习与生成，建议取消。 4. C15—C17 知识与能力、过程与方法、情感态度与价值观这三项指标与 C1 教学目标内涵有重复，不建议与 C1 并列。

（续表）

三级指标	5. C18 教师评价是否与 C11 教师自评、C12 教师他评重复？ 6. C20 以小组为形式将学生分组，更有代表性。 7. 建议新增的指标：教师技能（板书、时间安排、课堂调控）、学生所得（练习情况、知识掌握度、学习兴趣、满意度）。
三级指标内涵	1. D2 添加：与生活联系，议题新颖。 2. D3 添加：篇幅适当，文章体裁类型多样。 3. D4 第二点“针对多篇共同发问”可改为有层次性。 4. D6 添加：板书合理。 5. 将 D5–D8 的具体要求分类（可按师生主体或者阶段过程分类）。 6. D9 添加：互动有成果展示；互动围绕教学目标有效展开。 7. D10 添加：是否产生课后阅读兴趣。D10 第二点中学生的满意度可分期评价，除了课后即时评价，还可以过一段时间再测评。 8. D13 中“了解群文阅读的概念及流程”一句，学生不了解这种形式也没关系，关键在于学生从这种形式中得到什么。 9. D17 添加：敢于表达，表述清晰。 10. D18 可以再具体一些；可以具体到知识和能力的习得。 11. D19 情感方面可以再具体些。

为了将以上收集到的数据进行量的分析，笔者将指标按照重要程度采用李克特五点量表计算，“极不重要人次”1 分、“不重要人次”2 分、“无意见人次”3 分、“重要人次”4 分、“极重要人次”5 分。同时计算出各项指标所得分数的总数（T）、平均数（M）、众数（MO）和标准差（SD）等来呈现各指标的重要程度和教师意见的离散程度。

1. 平均数（M）

平均数用以表示教师意见的集中趋势，这次研究以 4 作为平均数的基准数，在第一次德尔菲法调查问卷的结果中，平均数小于 4 的指标一共有 4 项，即 B4、B6、C7 和 C13。

2. 标准差（SD）

标准差用来表示各位教师意见偏离均值的程度，数字越大、离散程度越大，表示教师们的意见就越不集中。本研究中，标准差大于 1 的指标项表示没有达到群文阅读的课堂教学评价指标的选择标准。根据表格的统计数据，有 8 项指标的标准差大于 1，即 B3、B4、B6、C5、C7、C10、C19 和 C20，它们需要修改。

3. 众数与平均数差的绝对值 |MO–M|

如果两种数据的绝对值小于等于 1，则表示教师意见的一致性比较高，反之则表示教师意见的分歧比较大。据表 2 所示，众数和平均数差的绝对值均小于等于 1，表明教师对各项指标的意见一致性较高。

综合两张表的数据和意见，二级指标 B3、B4、B6，三级指标 C5、C7、C8、C10、C13、C15、C16、C17、C18、C19、C20，三级指标内涵 D2–D10、D13、D17–D19 需要进行不同程度的修改。

三、小学群文阅读的课堂教学评价的指标体系的二次构建

根据第一次德尔菲法问卷调查结果，笔者结合教师建议进行了较大修改，再次构建了群文阅读的课堂教学评价的指标体系，如表 4 所示：

表 4 小学群文阅读课堂教学评价指标体系的二次建构

一级指标	二级指标	三级指标	三级指标内涵
A1 教师教学评价	B1 教学设计	C1 教学目标	D1 1. 符合《课程标准》，体现三维目标 2. 符合学情，考虑学生已有知识经验 3. 具体可测，操作性强
		C2 议题选择	D2 1. 有价值，可议性 2. 贴合课内教学及学生实际 3. 与生活联系，议题新颖
		C3 文本选取	D3 1. 篇数、长度及难度适合 2. 文章体裁类型多样，具有互文性 3. 能挖掘教材“个性”与“共性”
		C4 问题设计	D4 1. 贴合教学目标及学情 2. 具有层次性，解答域宽
	B2 教师素养	C5 专业知识	D5 1. 教育学和学科知识扎实 2. 对于本节课所教授的知识充分掌握和理解
		C6 教学语言	D6 1. 教学语言规范简洁、语音语调鲜明，具有示范作用 2. 过渡语衔接自然

（续表）

A1 教师教学评价	B2 教师素养	C7 板书设计	D7 1. 书写端正整洁 2. 板书意简言赅，反映课堂教学重点，一目了然
		C8 教学方法	D8 1. 契合教学内容和学生实际 2. 注重启发诱导 3. 恰当使用教学媒体和教学资源 4. 注重灵活运用、及时调节
	B3 教学互动	C9 师生互动	D9 1. 围绕教学目标展开，热烈有效，推进教学环节 2. 学生善于提问质疑，教师解答合理
		C10 生生互动	D10 1. 紧扣教学目标，讨论的问题有价值、难易适中、有利于思维发展 2. 小组讨论热烈有效，有成果展示
	B4 课堂调控	C11 时间安排	D11 整体合理有序，教师讲解适当减少，学生思考讨论适当增多
		C12 教育机智	D12 能够良好运用教育机智，使得教学过程有精彩的生成
		C13 纪律管理	D13 学生在教师安排下合理有序进行教学活动，动静结合，注意力集中时间较长
A2 学生学习评价	B5 知识能力	C14 语文知识	D14 有学习相关知识的欲望，在教师指导下理解掌握相关知识，并能初步运用到其他相似文章上
		C15 阅读能力	D15 1. 阅读量扩大，阅读速度在训练中有所提升 2. 默读能力有所发展，学会运用跳读、浏览等多种阅读方法 3. 对比、辨析、整合有关信息的能力有所提升

（续表）

A2 学生学习评价	B5 知识能力	C16 思维能力	D16 1. 通过独立阅读，进一步发展独立思考的能力 2. 通过文本对比与整合，初步发展辩证思维能力和综合分析能力 3. 通过小组讨论，发展思维的判断力和口语表达能力
		C17 合作能力	D17 通过小组合作与讨论，与人沟通和协作的能力有所发展
	B6 活动参与	C18 参与意识	D18 有参与活动的积极性和兴趣，主动参与课堂互动，并能保持持久的注意力
		C19 参与效度	D19 活动效果基本达到目标要求，学生获得满足感
	B7 学习效果	C20 练习反馈	D20 课堂问答及课后练习的完成度较高，正确率较高
		C21 学生互评	D21 小组内部评价自己及其他成员的课堂参与情况、回答问题情况等课堂表现，通过作业反馈情况评价自己与他人知识掌握和能力发展的状况
		C22 情感体验	D22 1. 体会所学文本或议题反映的思想感情，形成正确的价值观和积极的人生态度 2. 通过课堂互动与学习，增强阅读兴趣，获得自主学习的成就感和与他人沟通合作的自信心

笔者将上表所示的修改过的指标体系再次用德尔菲法对此前10位教师进行问卷调查，现数据分析如下表5所示：

表5　第二次德尔菲法问卷调查的数据统计表

指标	极重要人次5分	重要人次4分	无意见人次3分	不重要人次2分	极不重要人次1分	总数T	平均数M	众数MO	标准差SD	|MO−M|
A1	6	4	0	0	0	46	4.6	5	0.49	0.4
A2	9	1	0	0	0	49	4.9	5	0.3	0.1

（续表）

B1	6	3	1	0	0	45	4.5	5	0.67	0.5
B2	5	3	2	0	0	43	4.3	5	0.78	0.7
B3	7	3	0	0	0	47	4.7	5	0.46	0.3
B4	3	5	2	0	0	41	4.1	4	0.7	0.1
B5	7	3	0	0	0	47	4.7	5	0.46	0.3
B6	3	3	2	2	0	37	3.7	4	1.1	0.3
B7	5	5	0	0	0	45	4.5	4	0.5	0.5
C1	9	1	0	0	0	49	4.9	5	0.3	0.1
C2	8	2	0	0	0	48	4.8	5	0.4	0.2
C3	8	2	0	0	0	48	4.8	5	0.4	0.2
C4	6	4	0	0	0	46	4.6	5	0.49	0.4
C5	5	3	2	0	0	43	4.3	5	0.78	0.7
C6	3	4	3	0	0	40	4	4	0.77	0
C7	5	3	2	0	0	43	4.3	5	0.78	0.7
C8	3	7	0	0	0	43	4.3	4	0.46	0.3
C9	4	6	0	0	0	44	4.4	4	0.49	0.4
C10	7	3	0	0	0	47	4.7	5	0.46	0.3
C11	3	4	3	0	0	40	4	4	0.77	0
C12	5	4	1	0	0	44	4.4	5	0.66	0.6
C13	2	3	4	1	0	36	3.6	3	0.92	0.6
C14	5	4	1	0	0	44	4.4	5	0.66	0.6
C15	7	3	0	0	0	47	4.7	5	0.46	0.3
C16	6	4	0	0	0	46	4.6	5	0.49	0.4
C17	6	4	0	0	0	46	4.6	5	0.49	0.4
C18	4	3	2	1	0	40	4	5	1	1
C19	3	2	2	3	0	35	3.5	3	1.2	0.5
C20	7	3	0	0	0	47	4.7	5	0.46	0.3
C21	8	2	0	0	0	48	4.8	5	0.4	0.2
C22	7	3	0	0	0	47	4.7	5	0.46	0.3

教师关于指标的意见整理如下表 6 所示：

表 6　第二次德尔菲法问卷调查的教师意见整合情况

指标	教师意见整理
一级指标	无意见
二级指标	1. B6 活动参与是否和 B3 教学互动有所重合？ 2. B6 活动参与是偏重于参与方面还是活动方面，还是两者都有？

（续表）

三级指标	1. C13 纪律管理是否可以用教学秩序代替，教学秩序的涵盖更广。
三级指标内涵	1. D6 增加：教师语言引导性强，能够启发学生围绕议题思考；教师吐字清晰，能用标准的普通话与学生交流。 2. D7 板书设计添加：逻辑清晰；能与讲解结合，富有启发性。 3. D9 第二条应该包括教师提问：教师提问时，候答时间合理，理答能够启发学生。 4. D20 添加：对于错题能明白错因，对相应知识点巩固吸收，举一反三。

和第一次德尔菲法问卷调查一样，此次数据统计也是采用李克特五点量表计算，其中平均数小于基数 4 的指标为 B6、C13 和 C19，表示教师对这三项的意见不集中；标准差大于 1 的指标有 B6、C18 和 C19，表示教师对这三项的意见不太集中；众数和平均数差的绝对值大于 1 的指标数为 0，表示教师意见一致性较高。

再综合表 6 所示的教师意见情况表，此次需要修改的指标项有：二级指标 B6，三级指标 C13、C18 和 C19，三级指标内涵 D6、D7、D9 和 D20。

四、小学群文阅读课堂教学评价指标体系的最终确立

（一）具体的评价指标体系

根据意见，笔者修改了第二次指标体系，形成了群文阅读的课堂教学评价的最终指标体系，其中，一级指标有 2 个，二级指标有 7 个，三级指标及其内涵有 22 个，如图 7 所示：

表 7　小学群文阅读课堂教学评价指标体系的最终建构

一级指标	二级指标	三级指标	三级指标内涵
A1 教师教学评价	B1 教学设计	C1 教学目标	D1 1. 符合《课程标准》，体现三维目标 2. 符合学情，考虑学生已有知识经验 3. 具体可测，操作性强
		C2 议题选择	D2 1. 有价值，可议性 2. 贴合课内教学及学生实际 3. 与生活联系，议题新颖

（续表）

A1 教师教学评价	B1 教学设计	C3 文本选取	D3 1. 篇数、长度及难度适合 2. 文章体裁类型多样，具有互文性 3. 能挖掘教材“个性”与“共性”
		C4 问题设计	D4 1. 贴合教学目标及学情 2. 具有层次性，解答域宽
	B2 教师素养	C5 专业知识	D5 1. 教育学和学科知识扎实 2. 掌握群文阅读教学的相关知识和技巧 3. 对于本节课所教授的知识充分掌握和理解
		C6 教学语言	D6 1. 教师吐字清晰，能用标准的普通话与学生交流 2. 教学语言规范简洁、语音语调鲜明，具有示范作用 3. 过渡语衔接自然 4. 教师语言引导性强，能够启发学生围绕议题思考
		C7 板书设计	D7 1. 书写端正整洁 2. 板书意简言赅，反映课堂教学重点，一目了然 3. 逻辑清晰，能与讲解结合，富有启发性
		C8 教学方法	D8 1. 契合教学内容和学生实际 2. 注重启发诱导 3. 恰当使用教学媒体和教学资源 4. 注重灵活运用、及时调节
	B3 教学互动	C9 师生互动	D9 1. 围绕教学目标展开，热烈有效，推动教学环节推进 2. 教师提问时，候答时间合理，理答能够启发学生 3. 学生善于提问质疑，教师解答合理

（续表）

A1 教师教学评价	B3 教学互动	C10 生生互动	D10 1. 紧扣教学目标，讨论的问题有价值、难易适中、有利于思维发展 2. 小组讨论热烈有效，有成果展示
	B4 课堂调控	C11 时间安排	D11 整体合理有序，教师讲解适当减少学生思考讨论适当增多
		C12 教育机智	D12 能够良好运用教育机智，使得教学过程有精彩的生成
		C13 教学秩序	D13 1. 学生在教师安排下合理有序进行教学活动，动静结合，注意力集中时间较长 2. 合理开发和利用教学资源，有序展开教学互动
A2 学生学习评价	B5 知识能力	C14 语文知识	D14 有学习相关知识的欲望，在教师指导下理解掌握相关知识，并能初步运用到其他相似文章上
		C15 阅读能力	D15 1. 阅读量扩大，阅读速度在训练中有所提升 2. 默读能力有所发展，学会运用跳读、浏览等多种阅读方法 3. 对比、辨析、整合有关信息的能力有所提升
		C16 思维能力	D16 1. 通过独立阅读，进一步发展独立思考的能力 2. 通过文本对比与整合，初步发展辩证思维能力和综合分析能力 3. 通过小组讨论，发展思维的判断力和口语表达能力
		C17 合作能力	D17 通过小组合作与讨论，与人沟通和协作的能力有所发展

（续表）

A2 学生学习评价	B6 参与状态	C18 参与意识	D18 有参与活动的积极性和兴趣，主动参与课堂互动，并能保持持久的注意力
		C19 参与效度	D19 1. 学生参与活动范围广泛，包括师生、生生互动，独立阅读、思考与作业等活动 2. 活动效果基本达到目标要求，学生获得满足感等情感体验
	B7 学习效果	C20 练习反馈	D20 1. 课堂问答及课后练习的完成度较高，正确率较高 2. 能明白错题错因，对相应知识点巩固吸收，举一反三
		C21 学生互评	D21 小组内部评价自己及其他成员的课堂参与情况、回答问题情况等课堂表现，通过作业反馈情况评价自己与他人知识掌握和能力发展的状况
		C22 情感体验	D22 1. 体会所学文本或议题反映的思想感情，形成正确的价值观和积极的人生态度 2. 通过课堂互动与学习，增强阅读兴趣，获得自主学习的成就感和与他人沟通合作的自信心

（二）最终确立的群文阅读课堂教学评价指标体系的优势

笔者将最终确立的指标与初次建构的指标体系和一般的阅读教学的评价维度相比，得出以下最终确立的群文阅读的课堂教学评价的指标体系的几点优势：

1. 二级指标取消了按“课前——课中——课后”的教学过程的模式来划分指标，增加了灵活性与弹性。其中，“教学效果”和“学习效果”指标有重叠部分，因受课程标准注重学生所得的评价理念的指导，最终以“学习效果”的指标衡量课堂效果。此外，最终确立的指标体系无论是教师教学角度还是学生学习角度都更突出强调课堂过程，这既符合课程标准提出的“注重过程性评价”，也契合前文所述的 CIPP 评价模式的思想。

2. 三级指标更加突出群文阅读教学的特点。一方面，群文阅读教学对教师能力提出了要求，除了把控课堂等常规教师素质，更加强调教师在提问等教学互动中的能力和技巧，以及对群文阅读教学专业知识上的要求。另一方面，在学生层面，因为群文阅读教学注重学生自主、合作、探究的学习方式，所以也更加突出对学生阅读能力、合作能力、思维能力的评价。

3. 更加注重学生情感体验的评价。课程标准强调评价的综合性，关于情感、态度和价值观的评价也不能忽视。在“学习效果”二级指标中细分出“情感体验”这一三级指标，除了体悟从“群文”中学习到的思想感情，还注重学生在参与学习活动中的情感体验。

第五章

群文阅读教学的文体实践

寓言的群文教学实践

常熟市凯文小学　陈陆燕

一、寓言教学与群文阅读教学结合的尝试

（一）议题的提出

我们在进行寓言教学时，首先要确定议题，继而围绕这个议题选择一组寓言。寓言是一种特殊的文体，最主要的特征就是具有鲜明的教育性，不同于其他文学作品，一篇寓言阐述给读者一个道理，所有的故事情节和人物都是为最后的寓意服务。而寓言的受众大多是青少年，这种具有强烈教育意味的文学作品要想引起读者的阅读兴趣，故事人物和情节便是重中之重。因此寓言的主角基本是拟人化的动物，动物的个性是鲜明的，例如《伊索寓言》中狡猾的狐狸、强大的狮子等等。而故事情节大多是曲折的，具有强烈的讽刺性，借此来说明某个道理。基于上述寓言特征，在进行教学时，可以选择以下三个议题：

1. 以寓言文体为议题

区别于其他文学体裁，寓言的最大特点就是它是通过故事来讲道理的，而寓言中出现的角色形象和整篇故事情节都具有鲜明的特色。如何让学生来探究，进而总结归纳寓言的文体特点？这绝不是一篇寓言所能体现的，需要从群文阅读的视角来看待寓言文体，通过多篇文章对比分析出寓言的特性。

小学生第一次正式接触到寓言体裁的课文是部编版一年级上册的《乌鸦喝水》，这篇课文处于教科书的最后一单元的中间位置。除了寓言《乌鸦喝水》，还有儿歌《雪地里的小画家》和童话《小蜗牛》。对于学生来说，一篇文章是不能让学生了解寓言文体特征的，通常情况下是由老师直接说明。但是书本上的课文内容一般并不是学生第一次接触寓言，大多数学生在幼年时期都读过《伊索寓言》，《狼来了》的故事更是家喻户晓，只是他们对于寓言这个文学体裁并没有专业、系统的认知。所以在刚开始教学寓言这个文体时，鉴于低年级还没有一定的

阅读理解能力，在选取文章时，可偏向于更有知名度、篇幅短、学生更易理解的寓言，可以选取这样一组典型寓言故事：课文《狼和小羊》《乌鸦喝水》《狼来了》《龟兔赛跑》。除了课文《乌鸦喝水》，其他几个寓言故事都是大家耳熟能详的，对于低年级孩子来说，阅读压力相对降低，这样通过找三篇文章的共同点，也就能初步了解寓言的最大特征——借由故事来讲道理。

等到学生进入中高年级，具备一定的分析和理解能力时，可以再详细地和学生阐明寓言这个文学体裁。除此以外，也可开设《伊索寓言》和我国传统寓言的对比分析主题课，通过比较，学生可以更加清晰地得出两者的异同：《伊索寓言》大量运用拟人化和象征的手法，借此为寓意服务，而我国传统寓言并不拘泥于动物，通常描写对象是人，故事最终缩减为一个成语，比如：自相矛盾、滥竽充数等。通过这样的群文阅读课，学生也能领略到古今中外寓言的不同魅力，进而激发他们的阅读兴趣。

2. 以寓意为议题

寓意是寓言的中心，教师在教学寓言时最大的难点和重点就是让学生了解寓意。现如今仍然存在教师直接说出寓意，学生死记硬背的现象，这容易导致学生对于寓意的理解不能融会贯通。而利用“一篇带多篇”的群文阅读教学方法也许能够在一定程度上帮助学生进一步了解课文的主旨。比如在课例“如何看待说谎”中，张老师采用群文阅读教学方法，选取《狼来了》《说谎者的故事》《狡猾的皮诺乔》《善意的谎言》四篇文章，运用表格的形式，从撒谎原因、撒谎引起的后果和作者的观点将这四篇文章进行对比：《狼来了》中主人公的撒谎原因是纯粹自己好玩，没有恶意，但最终撒谎引起的后果是狼吃了羊，作者认为不能撒谎，否则会产生不好的后果；《说谎者的故事》中主人公的撒谎原因是他把撒谎当成了爱好，最终撒谎引起的后果是事实成真，而作者的观点是不能损害任何人；《狡猾的皮诺乔》中主人公的撒谎原因是可以用说谎话攒下来的木料赚大钱，撒谎引起的后果是变得富有，作者的观点是不能损害他人；《善意的谎言》中主人公的撒谎原因是很穷，撒谎引起的后果是从此发迹，作者对此的观点是支持善意的谎言。通过四篇文章的对比，对于谎言的看法，学生各抒己见，不再只是一元、局部的理解，教师也达到了“使学生对谎言有更深入的了解”的教学目的。

群文阅读教学在确定议题后选择的文章并不一定要局限于一种文体，比如上一个以“寓言文体”为议题的群文阅读教学，就可以选择其他体裁的文章（篇幅短、具有代表性）和寓言进行对比，进而使学生更加理解寓言的文体特点。而在以“寓意”为议题时，教师的教学重点是让学生了解道理并有自己的看法，同样也可以选择其他体裁的文章，比如在这个课例中，《狡猾的皮诺乔》就是童话故事，但这并不妨碍教学过程，反而能够促进学生的理解，使学生有更多的思考。

3. 以“寓言中的经典形象”为议题

寓言中出现的人物（动物）形象性格鲜明，以《伊索寓言》为例，某些动物形象反复出现。这些多次出现的角色身上寄托了作者的情感和社会意义，体现了当时社会背景下人们的价值取向。比如狐狸作为寓言中最常出现的主人公，教师可以此为议题，选择多篇文章来指导学生进行对比阅读，从文中分析狐狸的形象。在《伊索寓言》中，以狐狸为主角的寓言有 38 篇，在伊索的笔下，狐狸最大的特点便是狡猾。《乌鸦和狐狸》中狐狸在树下对乌鸦极尽赞美之词，诱使乌鸦张嘴，最终狐狸成功取得了乌鸦嘴里的肉，反映了狐狸用花言巧语骗得肉吃的狡猾一面。《狐狸和狗》中，狐狸进羊群偷羊被狗看见，狐狸用谄媚的笑容和“喂小羊吃奶”的谎话骗过了狗，从而逃脱，这个故事中狐狸的表现显示出了它的狡猾。除这两篇以外，还有《狐狸与公山羊》《猴子和狐狸》《狮子、狼和狐狸》等也反映了狐狸的狡猾和奸诈。《河边的狐狸》反映了狐狸的贪心和要面子；《断了尾巴的狐狸》反映了狐狸的妒忌心等。当然，在《伊索寓言》中，狐狸的形象并不都是负

议题	题目	篇目
寓言文体	寓言文体解读，体悟寓言之魅力	《乌鸦喝水》《狼来了》 《狼和小羊》《龟兔赛跑》
寓意	如何看待“说谎”	《狼来了》《说谎者的故事》 《狡猾的皮诺乔》《善意的谎言》
寓言中的经典形象	趣读“狐狸文” ——以《伊索寓言》为例	负面形象：《乌鸦和狐狸》《狐狸和狗》《狐狸与公山羊》《猴子和狐狸》《狮子、狼和狐狸》《河边的狐狸》《断了尾巴的狐狸》 正面形象：《老狮子和狐狸》《狮子、毛驴和狐狸》《狮子、狼和狐狸》《从未见过狮子的狐狸》《兔子和狐狸》《寒鸦和狐狸》

面的，比如说，从《老狮子和狐狸》《狮子、毛驴和狐狸》《狮子、狼和狐狸》看出狐狸的足智多谋；《从未见过狮子的狐狸》反映了狐狸的处变不惊；《兔子和狐狸》刻画了狐狸的有远见；《寒鸦和狐狸》体现了狐狸的善良等。

除了狐狸之外，也可开展以“狮子”“羊”等其他角色形象为议题的群文阅读，这种以“寓言中的经典形象”为议题的趣味群文阅读，不仅打破了学生对于角色形象的刻板印象，让学生尽情感受角色的不同魅力，而且通过品读寓言的语言，学生也可以在细节中感悟作者的描写方法，在阅读中体会寓言的魅力和读书的快乐。

二、寓言教学与群文阅读教学结合课例

笔者尝试着上了一节寓言的群文阅读实践课，教学对象为四年级的学生。议题为“感受狐狸的魅力——以《伊索寓言》为例”。

课前准备：分发 2 份材料、阅读卡

第一份材料：《狗、公鸡和狐狸》（寓言）和《小狐狸看海》（童话）

第二份材料：《乌鸦和狐狸》《年迈的狮子和狐狸》《狐狸与公山羊》《寒鸦和狐狸》

教学过程及思考如下：

环节一：谜语导入，畅谈初感

师：同学们，今天老师带来了一个新朋友，我们来猜猜它是谁。（PPT 展示谜语：尖尖嘴，细细腿，狡猾多疑，拖条大尾）

生：是狐狸！

师：在你们心中狐狸是什么性格？（生齐答狡猾）为什么狐狸是狡猾的呢？除此以外，狐狸还是什么样的？可以联系以前看过的书或者动画片来说一说。

生：我觉得狐狸非常狡猾，在《狐假虎威》里面，狐狸躲在狮子后面，狡猾地利用狮子的威严，这样别的动物都误以为狐狸非常厉害。

生：狐狸很聪明，之前我和爸爸去动物园，我看到一只狐狸准备躺在地上晒太阳，但是它前面有好多树枝，它就用头把那些树枝拱开，给自己弄出一个躺的地方，我觉得它很聪明。

生：我小时候看的一个动画片叫《大坏狐狸的故事》，这里面的狐狸当了三只小鸡的妈妈，而且它还为了保护小鸡打跑了坏人，这只狐狸是一只善良、可爱的狐狸。

师：同学们眼里的狐狸真是多种多样啊，古希腊作家伊索也写了许多的（生答寓言故事），大家小时候读过《伊索寓言》吗？他笔下的狐狸也不仅仅只有狡猾这一个特点，今天就让我们走进伊索笔下几篇以狐狸为主角的寓言，去感受狐狸的魅力。

【设计意图】开始以谜语趣味导入，学生的注意力一下子集中了起来，接下来初谈狐狸在自己心中的印象环节，学生们的参与度就非常高，除了上述记录的，还有许多学生谈了各种各样的狐狸，课堂气氛非常热烈，为后面的教学环节打下坚实的基础。

环节二：加强寓言特征记忆

师：在一年级的时候我们初次接触了寓言这个文学体裁，大家还记得我们那个时候学习的是哪篇寓言吗？是的，《乌鸦喝水》。接下来的几个学期陆陆续续地学习探讨了很多寓言，有动物做主角的，也有人做主角的，那同学们对于寓言这个充满魅力的文学体裁有什么了解呢？

生：它会说明一个大道理。

生：它不像写景的文章，寓言通常会讲一个故事。

生：寓言会运用讽刺的手法。

生：还有对比。

师：看来同学们对于判断寓言这个体裁已经充满信心了，下面同学们拿出第一份材料（《小狐狸看海》和《狗、公鸡和狐狸》），那你能用你的“火眼金睛”看出哪一篇是寓言，并说明理由吗？

生：《狗、公鸡和狐狸》是寓言。

师：大家同意他的看法吗？（同学们点头）那你们是怎么判断的呢？另外一篇《小狐狸看海》又是什么体裁呢？

生：因为《狗、公鸡和狐狸》讲了一个道理，当我们遇到危险的时候不要害怕，要向公鸡学习，随机应变，把不好的情况变成有利的情况。

生：因为这个故事讽刺了狐狸，这只狐狸很贪吃，最终被狗咬死了。

生：《小狐狸看海》篇幅比《狗、公鸡和狐狸》要长，讲了一个小狐狸重新交朋友最终懂得友谊可贵的故事，故事很美好，没有讽刺的对象，也没有明显地和我们说明一个大道理，所以它是一个童话故事。

师：看来同学们已经具备分辨寓言和童话的能力了，是啊，寓言语言精练，通过故事寄托作者要告诉读者的道理，通常会采用讽刺的手法；而童话，我们在学习第八单元童话专题的时候就已经总结出了童话的两个特点，分别是——

生：人物真善美、想象奇妙。

【设计意图】这一部分教学环节的时间大概为 8 分钟，因为教学对象是四年级学生，对寓言这个文学体裁已经有了一定的了解，教师并不需要从头开始教学，所以在这一部分的教学过程中主要是通过两篇同样是狐狸为主角的文章，让学生自主分辨童话和寓言并阐明道理。同学们各抒己见，在讨论交流中将寓言的特征阐述清楚、加深理解。而且，可以联系四年级下册第八单元的童话专题，再次回顾童话的特点，和寓言进行对比。最后，对于这两种文学体裁教师再进行总结归纳，巩固知识。

环节三：品读语言，感悟狐狸形象

师：刚刚的《狗、公鸡和狐狸》的故事中，那只狐狸具有什么样的性格特征啊？你是从哪里看出来的呢？

生：这只狐狸非常贪吃，它看见鸡就想吃，以至于它最终中了那只公鸡的计谋。

师：非常棒，你抓住了文章的关键词句。

师：那你们想不想更多地了解狐狸啊？让我们拿出第二份材料（《乌鸦和狐狸》《狐狸与公山羊》《寒鸦和狐狸》《年迈的狮子和狐狸》），里面一共有四只小狐狸，那这几只小狐狸分别发生了什么故事呢？你又能从中读出它们的什么性格特征呢？默读文章，圈画关键词句，可以在旁边写下自己的感受。

师：思考完的同学以 4 人为小组进行小组讨论，在讨论之前，老师先提出几个要求：同学们可以挑选自己最喜欢的一个故事，先试着用自己的话来概括这篇文章讲了一个什么故事，然后再具体地说从故事的哪里也就是从哪个情节、哪句话或者哪个词中感受到狐狸的特点，其他小组成员可以补充说明，边讨论边完成桌子上的阅读单的前两列：情节和狐狸性格，最后选择其中一个故事进行小组汇报交流。

生：我们组要交流的是《年迈的狮子和狐狸》，这篇文章讲了这样一个故事：年迈的狮子为了吃动物就谎称自己有临终遗言要交代，许多动物都上当被吃了，但是狐狸发现了狮子的阴谋，没有进去，最后活了下来。

师：非常好，接下来的小组要向这个小组学习，概括文章大意要提取关键信息，把事情说清楚，说具体。你们小组继续。

生：我们从中感受到了狐狸它很聪明、机智，其他动物都被骗了，但是狐狸不一样，它细心观察，最终没有死。

师：思考得真深入呐！那这里作者用了什么手法？

生：语言描写，还进行了鲜明的对比。

师：通过别的动物衬托狐狸的聪明，也就是运用了（生答侧面衬托）。

生：我们组交流的是《寒鸦和狐狸》，讲了一个狐狸告诫寒鸦不要一味等待的故事，我们从狐狸好心劝诫寒鸦这个行为还有它对寒鸦说的话中感受到狐狸的善良。

生：这只狐狸它完全是出于好心，不带任何目的，它很热心肠。

师：那你能试着读一读狐狸的话，读出它对寒鸦的好心的告诫吗？（生读）

师：真棒，老师从你的朗读中仿佛看到了一只善良的狐狸。

生：我们交流的是《乌鸦和狐狸》的故事，但是这只狐狸非常狡猾，《乌鸦和狐狸》讲了狐狸为了吃到乌鸦嘴里的肉，非常谄媚，这只狐狸不停地夸赞乌鸦，想要骗它张嘴，最后骗到了乌鸦嘴里的那块肉。我们从中看出狐狸的谄媚、狡猾。

师：那伊索运用了哪些描写方法？

生：神态描写、动作描写和语言描写。

师：老师请两位同学分别来扮演这个乌鸦和狐狸，注意读出乌鸦和狐狸的特点，关键的地方可以配合动作和神态。（学生扮演）

生：我们组分享的是最后一个故事《狐狸与公山羊》，狐狸掉进了井里，它骗取公山羊的信任，靠着公山羊跳出了井，但是公山羊却出不来了。这只狐狸非常奸诈，而且不信守承诺，不懂得知恩图报。作者用了语言描写、动作描写。

师：我们班的小朋友真棒，通过小组合作，阅读故事情节，品读这四篇文章的语言，了解了四个不同性格的小狐狸，请大家继续完善自己的阅读卡。除了今天学习的，伊索还刻画了许多其他小狐狸的形象，同学们可以课后自行阅读伊索其他的关于狐狸的寓言，按照今天我们学习的方法去探索不同狐狸的性格，完成这张阅读卡，我们下节课交流。

	情节	狐狸性格	写法	寓意
《乌鸦和狐狸》				
《狐狸与公山羊》				
《寒鸦和狐狸》				
《年迈的狮子和狐狸》				

环节四：总结

师：同学们，经过今天的学习，我们感受到了狐狸的不同魅力，有狡猾奸诈的，有机智聪明的，还有善良美好的，通过这些性格迥异的狐狸，我们明白了一个个道理，再次回顾复习了寓言和童话的不同，了解到了寓言的教育性和讽刺性。今天回去的作业就是继续完成阅读卡，下节课我们继续交流分享。

【设计意图】这部分群文阅读的教学主要分为三大部分。首先，让同学们默读文章，自行品悟故事情节、语言，培养学生读思结合的良好阅读习惯。其次，小组讨论可以使学生的思维产生碰撞，开展合作学习体现学生学习主体地位，对于课堂内容的理解由被动接受转化为主动建构。不仅如此，还有助于提高学生的表达和沟通能力，培养学生的倾听习惯以及提升抓住关键词分析的能力。然后，在交流过程中注重朗读、学生概括文章内容的方法以及作者运用的描写手法，通过角色扮演加深学生对狐狸特征的理解。阅读卡的使用使得教学过程更加清晰，学生通过阅读卡中的对比更加明白四种狐狸性格的不同。最后布置完成剩余阅读卡的任务，让学生在课后自主阅读中复习今天课堂上学习到的阅读方法。

在这次寓言教学和群文阅读教学相结合的实践中，因为寓言大多语言简短精练，学生在课堂上阅读并理解多篇寓言不像长篇叙事类文章那么难，所以最后以“狐狸”为议题的教学尝试还算顺利，但还是存在不足，例如对时间的把控等。所以，对于寓言教学与群文阅读教学相结合的教学方法及流程，还需要我们在实践中不断摸索。

说明文的群文教学实践

南京市银城小学　尤晓婵

说明文是小学语文教材中重要的一类文本，但在实际教学中未受到应有的重视。本研究旨在将说明文阅读教学同群文阅读教学相结合，从理论及实践两个层面证明两者相结合的合理性和可行性，使说明文教学焕发新活力。

一、说明文群文阅读教学理论探索

笔者将理论探索分为两步，第一步分析了部编版教材课内说明文的选编情况及其特点，这为后续群文的构建奠定了基础；第二步从课内选文中选择目标文本，以此为基石确定有效议题，围绕议题从课外选取文本构建群文，设计主问题开展教学。

为保证选文的质量，课外选文大多选自小学语文部编版和苏教版教材，但在保证选文权威性的同时，也意味着选文来源的单一化，这在一定程度上削弱了选文的丰富性。同时课外所选的说明文是否足够科学准确，选文间的互文性如何，选文是否处于该年段学生的最近发展区内，这些都有待考量。故此，部分仅为笔者的个人思考和探索，仅供参考，亟待完善。

（一）部编版说明文的编排情况

部编版小学语文教科书（1–12 册），一共选入了 24 篇说明文，其具体选文分布如下：

表 1

年级	册数	课题（注：打 * 为自读课文）
一年级	上、下	无

（续表）

二年级	上	《我是什么》
	下	《太空生活趣事多》《当世界年纪小的时候》
三年级	上	无
	下	《纸的发明》《赵州桥》《一幅名扬中外的画》《花钟》《蜜蜂》《海底世界》
四年级	上	《蝙蝠和雷达》《呼风唤雨的世纪》《爬山虎的脚》《蟋蟀的住宅》
	下	《琥珀》《飞向蓝天的恐龙》《纳米技术就在我们身边》
五年级	上	《什么比猎豹的速度更快》《太阳》《松鼠》习作例文：《鲸》《风向袋的制作》
	下	*《金字塔》
六年级	上	《宇宙生命之谜》、*《故宫博物院》、《只有一个地球》
	下	无

从上表可以看出：①就总体数量而言，在小学阶段说明文数量还是比较多的，占有举足轻重的地位。②就分布而言，说明文在各年段的分布并不平均。低年段选文数量较少，到了中高年段说明文数量明显增加，中年段分布最为集中。③就题材而言，部编版教材中说明文的选文内容丰富，涉及方方面面，且都是学生比较感兴趣的话题，兼具科学性和实用性。

部编版小学语文教科书中说明文的选文有如下特点：

1. 群文倾向

部编版教材在选编上具有群文倾向。

就单篇课文而言，部编版教材所选课文有精读和略读之分。亦有围绕一个话题由多篇文章组合而成的课文，譬如六上的《故宫博物院》精选 4 则阅读材料，分别为黄传惕的《故宫博物院》选段、姜舜源的《故宫史话》选段以及摘自故宫博物院官方网站的参观指南和故宫博物院平面示意图。

就整个单元而言，部编版教材以单元为组编排课文，每一单元的人文主题即为群文阅读教学概念中的“议题”。五年级上册设有专门的说明文单元，单元页开宗明义借叶圣陶先生的话“说明文以‘说明白了’为成功”点明了单元主题。选文间互文性较强，反差中使学生感受说明文语言风格的多样性，同时归纳出说明文语言的共性，即无论哪种风格，描述都要准确、清楚、有条理。

值得一提的是，部编版教材中设有“快乐读书吧”版块。就以四下第二单元为例，在已经学习了《琥珀》等3篇科普说明文后，“你可以读更多”中推荐学生阅读苏联作家米·伊林的《十万个为什么》和以李四光的《看看我们的地球》为代表的中国优秀科普作品，以实现从读一篇文章到读一组文章、读整本书的延伸，拓展学生的阅读面。

2. 丰富性

从选文的内容上来看，题材涵盖面广。有解释自然现象、景观的，如《我是什么》《花钟》《琥珀》；有描写有趣的动植物的，如《鲸》《松鼠》；有探秘太空宇宙的，如《太空生活趣事多》《宇宙生命之谜》；有介绍人类文明成果的，如《纸的发明》《赵州桥》《一幅名扬中外的画》《金字塔》《故宫博物院》；有介绍现代科技的，如《呼风唤雨的世纪》《纳米技术就在我们身边》。

丰富性还体现在选文语言形式的多样性。如最常被用来进行比较阅读教学的《松鼠》和《鲸》，同样是介绍动物的说明文，一个语言风格生动，一个语言风格平实。为增强可读性，更有说明文和其他多样语言形式的结合，比如四年级下册的《琥珀》采用生动的讲故事的形式，将形成琥珀所需要的各种条件有机地编织在有趣的故事中，让学生以喜闻乐见的方式获取知识。值得一提的是，选文中还有《不可思议的金字塔》这样图文结合的组合材料，精确的语言文字配以形象的示意图，使学生对金字塔的结构有直观的认识。

3. 要求螺旋上升

纵观全书，部编版教材中说明文的选文在各年段各有特点，相应的教学目标也各有侧重点。在低年段，选文语言大多活泼生动，比如二上的《我是什么》就结合了谜语的形式，把水当成人来写，以第一人称的口吻介绍了水的三态变化以及水的作用，将深奥的科学知识讲得明白有趣，融知识性和趣味性于一体。低年段的说明文教学重在激发学生的求知欲和阅读课外科普作品的兴趣，培养探索精神，初步形成科学意识。中年段重点训练学生的思维能力，比如三下的《纸的发明》一课的课后习题通过时间轴线帮助学生厘清纸的发展历程及不同书写材料的优缺点，训练学生提取信息、抓住要点、梳理归纳的能力。再比如四下的《飞向蓝天的恐龙》一文，从赫胥黎经由大量研究观察和比对提出假说，再到我国学者发现关键性证据，环环相扣不断增加假说的可信度。紧接着在介绍恐龙向鸟类演化的过程中，同时介绍了科学界关于“恐龙如何飞上蓝天”的两种不同看法，给学生留下思辨的空间，启迪学生对未知世界作出更多的猜想和探索。学习这样逻辑严密的表述，可以提升学生的科学思维。高年段出现了专门的说明文单元，且选文的语言风格多样。对于《太阳》一类典型的说明文，教学的着力点在于通过品析说明方法，感受说明文准确严谨的语言表达，从而延伸到语用目标上，使学生在说话和写作时将事物事理说清楚。而对于《松鼠》这样的文艺性说明文，倘若生搬硬套上面的教学模式，则会使原本活泼生动的语言失去韵味，教学时重点应放在带领学生品味作者语言文字之美和谋篇布局的匠心之上。

就具体某一单元来看，虽然选文体现的人文主题相同，但在对语文要素的落实上侧重点也不尽相同。以四年级上册第二单元为例，结合课后习题和“交流平台”来看，每篇选文有不同的能力梯度，逐层上升实现语文要素“阅读时尝试从不同角度去思考，提出自己的问题”的落实。其中的两篇说明文，《蝙蝠和雷达》在课后练习中着重引导学生试着从不同的角度提出问题，关注的是提问的角度。而《呼风唤雨的世纪》借助课后的讨论范例，引导学生筛选出最值得思考的问题，关注的是提问的质量。

（二）选择目标文本，确定有效议题

二年级：二下的《太空生活趣事多》一文用生动浅显的语言介绍了太空生活不同于地球生活的奇特之处及其背后的科学原因。“太空”“宇宙”正是天马行空的孩子们非常感兴趣的话题，笔者阅读了不同国家、不同出版社的相关科普作品，将其中最贴合低年段儿童语言特点和具体形象思维方式的两部书籍作为选文来源，分别是由博蒙特等编绘的《法国儿童趣味百科：浩瀚的宇宙》以及龚勋主编的《小学生趣味图书馆：宇宙探秘》。笔者意图从“宇宙是什么？”“我们怎么去太空？”“太空生活什么样？”这三方面构建群文，使孩子对于宇宙有较为完整系统的认识，按此思路选文《宇宙是怎么诞生的？》《太空生活》（皆选自《法国儿童趣味百科：浩瀚的宇宙》）、《神气的宇航员》（选自《小学生趣味图书馆：宇宙探秘》）。

三年级：《赵州桥》和《一幅名扬中外的画》都指向本单元语文要素“围绕

一个意思把一段话写清楚”。《赵州桥》第3段详细介绍了桥面石栏上精美的图案和姿态各异栩栩如生的雕龙，充分体现了“赵州桥非常美观”的特点。《一幅名扬中外的画》第3段为了写清楚“画上街市的热闹”，介绍了各色的店铺和各态的人。“围绕着一个意思把一段话写清楚”就好比“绕着树桩跳舞”，在句不离段、不离意的前提下发挥创造。笔者遂以此语文要素为切入点，指向工具性目标组建群文，加入苏教版五年级下册的《秦兵马俑》，三篇中既有一段话围绕一个意思来写，也有几段话乃至整篇文章围绕一个意思来写，关键句在开头的有，在末尾或中间的亦有。

四年级：《蝙蝠和雷达》和《自然之道》《黄河是怎样变化的》《大自然的启示》共同收录于人教版四下第三单元中，选文之间具有互文性，从仿生学、生态平衡、环境保护多角度探讨“大自然的启示”这一议题，本身已经算是比较完整的群文组成。笔者在此基础上补充了新角度，即自然的现象和变化往往能向我们传递讯号，选入了苏教版九年级上册的《看云识天气》。

《蟋蟀的住宅》一文中法布尔将蟋蟀比作人，将其巢穴比作住宅，生动地介绍了自己经由长期观察所发现的蟋蟀住宅的特点以及建造过程。在三年级下册学生也已经接触过法布尔的作品《蜜蜂》，且法布尔的作品个人风格鲜明，非常适合以作者为议题开展群文。谈及法布尔必不能绕过其代表作《昆虫记》，《昆虫记》将严谨的科学性和艺术的文学性两者完美融合，同时笔触间饱含了对自然生灵的热爱和敬畏，笔者从中选择了典型之作《蝉》。同时选入苏教版五下中体现法布尔精神特质的课文《装满昆虫的衣袋》。以“为什么法布尔的《昆虫记》能成为流传最为广泛的昆虫学著作？”作为主问题串联起群文，引导学生思考其背后的科学精神和文学魅力，激起学生阅读整本书的兴趣。

五年级：五年级上册第五单元既是专门的说明文单元又是习作单元，这为笔者提供了读写结合、以读促写的新思路，一如后文实践探索中所展示的课例，以“动物特点说明白”为议题，将课内语言风格迥异的《松鼠》和《鲸》进行对比教学，同时增加课外选文《鸵鸟》，帮助学生归纳出将动物介绍清楚的写作方法。

《金字塔》由语言形式截然不同的《金字塔夕照》和《不可思议的金字塔》两篇文章构成。散文《金字塔夕照》以诗意的笔触描绘了夕阳余晖下金字塔的别样之美，而《不可思议的金字塔》则以客观的语言结合写实的示意图，介绍了胡夫金字塔的规模和建造金字塔时的古埃及。课文前的阅读任务更是直接提示我们可以从多种语言形式的角度构建群文。在此课内基础上，笔者增加了韩国Hemingway科普读物编写会的《不可思议的金字塔》一书中的《埃及吉萨胡夫国王的大金字塔》，以条漫的形式了解金字塔的相关知识。

从内容的角度来看，两篇文章都称赞金字塔为人类劳动和智慧的结晶，不妨就以“人类文明的诞生和陨落”为议题构建群文，笔者分别选取了中外文明成果的代表《长城》和《埃及的金字塔》，从人类文明成果保护的角度加入蒋军晶主编的《小学生群文读本》五年级一册中的《玛雅文化为什么突然消失了》和《古巴比伦的悲哀》。

六年级：《宇宙生命之谜》介绍了科学家探索地球之外生命痕迹的历程，最后没有下定结论画上句号，而是打了个问号，留下开放式问题供学生进一步思索，非常适合用作探究性学习活动的主问题来引导学生拓展阅读。

诚如上述分析所言，笔者选取了《生命是地球唯一的“专利”》（选自姜廷午编著的《地球之外的生命》）、《搜寻火星生命痕迹》（选自张志伟编著的《穿越时空的天文世界》）以及《火星上有外星人的遗迹吗？——火星上金字塔之谜》［选自姚政、林力编著的《地球之外的生命全记录》（第2版）］构成群文。将这些意见相悖的文章放在一起阅读，更能激发学生对于“地球之外是否有生命存在？”这一问题的探索和思考，使学生通过广泛阅读多家之言，寻求佐证形成自己的判断，培养科学意识和科学精神。

根据以上对部编版语文教材的分析，从中选取适宜开展群文阅读教学的目标文本，从而拟定议题，构建群文，整理如下表：

表2

年级	议题	选文
二	“太空环游之旅”	《太空生活趣事多》《宇宙是怎么诞生的？》《太空生活》《神气的宇航员》
三	“绕着树桩跳舞”	《赵州桥》《一幅名扬中外的画》《秦兵马俑》
四	“大自然的启示”	《蝙蝠和雷达》《黄河是怎样变化的》《大自然的启示》《看云识天气》

（续表）

四	“透过法布尔的眼睛看昆虫”	《蟋蟀的住宅》《蝉》《装满昆虫的衣袋》
五	“动物特点说明白”	《松鼠》《鲸》《鸵鸟》
	“神秘的金字塔”	《金字塔夕照》《不可思议的金字塔》《埃及吉萨胡夫国王的大金字塔》
	“人类文明的诞生和陨落”	《长城》《埃及的金字塔》《玛雅文化为什么突然消失了》《古巴比伦的悲哀》
六	“宇宙生命之谜”	《宇宙生命之谜》《生命是地球唯一的“专利”》《搜寻火星生命痕迹》《火星上有外星人的遗迹吗？——火星上金字塔之谜》

（三）设计主问题，开展群文阅读教学

根据以上分析，在确定议题和选定群文的基础之上，拟为其设计主问题如下表：

表 3

议题	主问题
“太空环游之旅”	1. 从材料中提取有效信息，制作一份“太空生活指南”。
“绕着树桩跳舞”	1. 浏览材料，画出能概括大意的关键语句。 2. 作者是怎样围绕一个意思把一段话写清楚的？
“大自然的启示”	1. 以表格的形式分条列出人类从大自然中获得了哪些启示？ 2. 人和自然的关系是怎样的？该如何相处？
“透过法布尔的眼睛看昆虫”	1. 为什么法布尔的《昆虫记》能成为流传最广泛的昆虫学著作？
“动物特点说明白”	1. 作者是怎样将动物特征说明白的？
“神秘的金字塔”	1. 你了解到了金字塔的哪些信息，用表格的形式整理出来。 2. 比较三种介绍方式，谈一谈你更喜欢哪一种并说明理由。
“人类文明的诞生和陨落”	1. 以树状图的形式梳理，人类文明的诞生和陨落分别是由什么原因导致？ 2. 对于保护人类文明成果，你有什么好的建议？
“宇宙生命之谜”	1. 地球之外是否有生命存在？以表格的形式分条列举正反两派的依据。 2. 你赞同哪种学说，说说你的理由。

二、说明文群文阅读教学实践探索

基于前期的理论研究，笔者以部编版五年级上册第五单元这一说明文单元为基点，以课内带课外的形式构建群文，围绕议题“把动物特征说明白”设计了一堂说明文群文阅读教学课，为检验其可行性在笔者实习的小学进行了试教，具体的教学设计、试教情况以及个人反思呈现如下：

（一）教学设计及试教情况

刚刚老师发了一份导学单和一份阅读材料，你们应该也猜到了这节课的与众不同之处。不同于以往一节课学习一篇文章，今天我们要一口气挑战三篇说明文，分别是课本中的《松鼠》《鲸》以及老师刚刚发的阅读材料《鸵鸟》。第五单元的单元导语中引用了叶圣陶先生的一句话：“说明文以‘说明白了’为成功。”（PPT 呈现）今天我就从动物入手探究将事物说明白的诀窍。

【设计意图】点明这节课与常规的单篇阅读教学的不同之处，引起学生的新奇感，激起参与课堂的积极性。部编版教材编写具有群文倾向，以单元导语中叶圣陶的话做引子，正是指向本节课的教学目标。

环节一：动物特点，我会抓

1. 提问：如果要向别人介绍一种动物，你会从哪几个方面进行介绍？

2. 教师指导阅读《松鼠》

通过引导学生抓住文章的中心句找出作者从哪几个方面介绍了小松鼠。

3. 总结概括方法

（1）找中心句或总起句，往往是开头第一句。它是对文章主要内容的总说，能为我们概括提供线索。

（2）同一方面的信息可以合并，比如：横渡溪流、爬树、搭窝都属于生活习性。

4. 举一反三：快速浏览《鲸》和《鸵鸟》，分别概括出作者是从哪几个方面进行介绍的并指出相对应的自然段。

5. 汇总信息，形成表格，请学生谈谈对我们写好动物有什么启示？（相机板书：分段介绍各个方面）

追问：每个方面作者所用的篇幅相同吗？你能分别找出三篇文章中作者重点

描写的部分吗？（相机板书：抓突出特征）

【设计意图】这一环节旨在让学生通过阅读群文，对能够从哪些方面介绍动物有个整体的把握。通过指导学生阅读《松鼠》并总结阅读方法，使学生尝试将方法迁移运用到《鲸》和《鸵鸟》的自读中，能够举一反三。运用表格汇总整理信息，不但一目了然，完成表格的过程也是在训练学生统整概括的阅读能力。

【试教情况】“外形特点”和“生活习性”两大方面学生很容易能概括出来，但由于“生活习性”所包含的内容繁多，在对应到自然段时学生产生了分歧，花费的时间比较多。

环节二：说明方法，我会品

1. 请学生仔细阅读《松鼠》片段，完成以下任务：

（1）思考《松鼠》用了什么方法把事物“说明白”，填写阅读单“说明方法”部分。

（2）用横线画出你认为描写精彩的句子，仿照课本上《鲸》的样式在旁边用两三句话作批注分析表达效果。

（3）请学生发言，教师补充

2. 阅读《鲸》片段，品析语言

同样是外形描写，对于我们很难亲眼见到的鲸和鸵鸟，作者是怎样说明白的呢？请同学自读《鲸》和《鸵鸟》片段作批注并发言。

3. 总结：运用恰当的说明方法，不仅能帮助我们将事物特征说明白，还能说得生动形象。（相机板书：运用恰当的说明方法）

【设计意图】了解文章的基本说明方法是说明性文章的重要目标，在分析说明方法的表达效果的过程中使学生对语言有整体感知，为下一环节的比较群文语言风格的异同打下基础。

【试教情况】学生在之前的学习中已经接触过说明文这一文体，对基本说明方法及其表达效果有一定知识基础，也有关注副词的意识，能通过删去比较的方法体会说明文语言的准确性。这一环节耗时较长，分析到第三篇文章的时候学生注意力已经分散，课堂参与度下降。

环节三：统筹群文，落脚“说明”

1. 找异——三篇文章在语言风格上有何不同？

2. 求同——落回说明文的本质：

“无论是语言生动的文艺性说明文，还是语言平实的科普性说明文，都要以准确为前提”（相机板书：保证准确性）

3. 思考——怎样才能使说明内容准确呢？

（多次观察，广泛搜集资料，推敲用词）

【设计意图】针对多篇文章共同发问，提出比较性问题使学生有意识地将多篇文章联合起来，视为整体。通过找异了解说明文不同分类下的不同语言风格，通过求同把握说明文语言准确性的共性。

【试教情况】由于前期对三篇文章语言的分析和讨论比较充分，学生对语言风格的差异有比较明晰的感受，有的学生提出疑问“说明文为什么不能都像《松鼠》一样写得有趣些？”，需要指出的是文艺性说明文和科普性说明文只有更喜欢哪一个之分，没有好坏之分。

结语：还记得课堂一开始叶圣陶先生给我们出的难题吗？

只要掌握了这三个秘诀，我们都能成功地将说明文“说明白了”。

（二）个人反思

在设计教案之前，笔者试图搜集说明文群文阅读教学课例以求获得经验启发，但发现将二者进行结合的实践甚少。通过分析部编版教材编排情况，发现部编版教材在课文的选编上有群文倾向，更是将五年级上册第五单元专列为说明文单元，其中的《松鼠》和《鲸》在以往教学中常常用来做对比阅读，笔者遂以此课内素材为天然抓手展开说明文群文阅读教学的尝试。

在开展教学之前，和指导老师沟通，根据学情多次修改教案，在教学环节二选用片段代替全篇分析，但在实际施教时仍暴露出许多问题。课后也有学生反馈课堂容量太大，教学篇目增多难以消化。重新审视教学过程，笔者认为问题出在每篇选文平均用力上，前两个环节对选文逐一概括和分析说明方法，无异于精读三篇文章，又惯性走回了单篇阅读教学抠词炼句的“老路”，增大了学生阅读的压力，一定程度上会打击学生参与阅读的积极性。

另外，由于时间限制，教学进度比较赶，相对的留给学生阅读、思考、讨论、表达的时间被压缩，学生的自主性和积极性没能充分发挥。

小小说的群文教学实践

无锡市梅村实验小学　吴天羽

一、小小说与群文阅读教学结合的尝试

首先我们应明晰小小说的概念。根据篇幅长短，小说可以划分为长篇小说、中篇小说、短篇小说以及微型小说多种类型。笔者研究对象是微型小说，也即小小说。由于篇幅过长的小说，难以在有限的一节课的时间中达到“群文”的阅读要求，因此在进行小说群文阅读教学的过程中，在规定时间范围内只允许教师选取篇幅较短的小说，既能满足小说阅读量的需要，又能通过一个完整的小说故事情节向学生展现必要的知识点。

小小说的篇幅通常在两千字以下，具有主题表达以小见大、情节安排合理巧妙、抒情引发共鸣的特点，故事情节安排具有“意料之外、情理之中”的艺术特点。这样一种篇幅短小而又主题突出的小说类型适合在群文阅读教学中让学生去阅读。

（一）小小说群文阅读教学的教学实践组成

1. 确定议题

对于议题的选择，王朔和李爽两位学者概括为：“议题的分类必须遵循三个原则，即实用性、简洁性和大略性。根据上述原则，群文阅读的议题可以分为语言议题、内容议题和形式议题三种，在实际教学过程中，教师灵活选取不同的议题。”[1]

比如，以作家“欧·亨利”为议题，可以将几篇欧·亨利的文章呈现在一起，在学生阅读并对欧·亨利的文章有一定了解的基础上，再引导学生阅读与欧·亨利写作风格一致的其他作家，了解同类短篇小说巨匠在写文章时的突出特点。

上述以内容选择为议题构成模式，或以“阅读策略”为议题展开群文阅读教学。我们在群文阅读教学之前可以先呈现一篇小小说文章，引导学生关注小说“意

料之外、情理之中”的结局的特别之处，从前文中寻找蛛丝马迹论证结尾的合理性。接着再呈现同形式的小小说文章，引导学生按照从前文寻找关键细节论证结尾合理性的阅读策略展开阅读。如此，即可很好地完成群文阅读的议题选取。

2. 选择文章

文本的选择是丰富多样的，既可以从教材中选取，又可以由课外文章构成。最主要的是，要做到围绕议题展开选文，而且要重视文章的“互文性”。最早提出“互文性”的朱丽娅·克里斯蒂娃认为：“任何作品的本文都像许多行文的镶嵌品那样构成的，任何本文都是其他本文的吸收和转化。”[2]选取的小小说各文本之间要存在构成矛盾的冲突或关系联结形式，并且学生要有能力体悟到多篇文章之间的差别，这样群文阅读教学才算成功，否则仅为数篇文章的堆砌罢了。

3. 设计问题

在设计问题环节中，教师最需要考虑的是如何确保问题对于学生的可接受程度。教师该如何设计问题，才能既保证教师主导地位的同时又实现学生主体地位？又该如何体现各个文章之间的关系，为议题服务呢？问题的设计该如何体现小小说这一体裁的特性呢？因此，在设计问题时，要注意提出能够对多篇文章进行发问的问题。如“请问这几篇文章在情节上有什么共同点？”这一问题，来引导学生往“意料之外、情理之中”的小小说结尾形式展开深入研究。

二、小小说群文阅读教学的实践探索

（一）小小说群文阅读教学的课堂实录分析

在一定理论研究基础上，结合当下小学语文课堂上的小小说群文阅读教学课堂实录，笔者从自身角度出发，分析出以下教师课堂教学中的优缺点。

1. 刘其平“小小说专题阅读”课堂实录

刘老师一上课就向同学们提出问题：“你觉得我是做什么的？”学生根据刘老师的外貌以及书写的字展开了很奇特的猜想。笔者初看时认为这一环节可以除去，一个站在讲台上的成年人不是老师能是什么职业呢？就算不是老师是其他任何一份职业，但是只要站在讲台上面对学生开始上课，那他/她的职业就是老师。在上完整节课后我似乎明白了刘老师的意图，刘老师想要通过学生对他各方面的细致观察猜测他的职业，就和小小说中学生仔细寻找文章中能够体现结尾情节的关键词句一样，在最后告诉学生答案的同时体现“意料之外，情理之中”的效果。笔者认为，若是笔者执教该课，会采用其他与课堂关联性更高或者学生更感兴趣的话题作为课堂导入，比如可以给学生呈现篇幅极其短小只有一句话的小小说让学生展开联想，又或者可以呈现给学生两幅相似的图片找出其中差异。

接着正式进入小小说群文阅读课堂教学环节，刘老师首先展示了小小说的定义——篇幅短小、情节单一、结构完整、注意省略、讲求寓意。它往往是撷取一个生活片段，通过作者的精心熔炼，描写复杂的社会生活状态，从而揭示深刻的主题思想，它的字数有严格限制，篇幅不应超过两千字。开门见山，为接下来呈现的文章框定了一个大的上位概念。

本节课上，刘老师一共呈现了四篇小小说：《桥》《谁把耳朵给了我》《盲妇指路》《沉默的善良》。刘老师很好地把群文阅读教学模式和以往课堂上的传统单篇阅读教学模式相结合，呈现的第一篇课文《桥》，刘老师采取的是单篇阅读的教法，即注重学生朗读能力、阅读分析能力的训练与提高，通过分析文章的结尾找出文章中能够体现结尾情节发展词句的蛛丝马迹，从而向学生传递了“欧·亨利式结尾”的定义。通过精读一篇文章，使得学生掌握小小说“欧·亨利式结尾”的要点。

刘老师再次呈现给学生两篇篇幅较长的小小说，让学生快速阅读，找出小说中意料之外、情理之中的内容。学生有了第一篇小小说分析的基础，初步掌握了这类小小说在阅读过程中应该注意的细节，来体现“欧·亨利式结尾”偶然性与必然性相结合的特点。

第三环节是对前面两个环节的总结升华，刘老师只给出文章的前半部分，要求学生续写文章的结尾。这其实是考验学生一堂课下来对小小说“欧·亨利式结尾”究竟掌握了多少，学生是否能够抓住前文的细节，在合理的猜想下既符合前文的暗示，又符合结局的出乎意料性。

总体来说，刘老师把群文阅读教学和传统的教学模式结合得很好，这节小小说专题阅读把群文阅读作为一种手段，使学生在一定阅读量的基础上了解小小说，了解“欧·亨利式结尾”，是一堂成功的群文阅读教学示范课堂。

2. 张祖庆“小小说群文阅读”课堂实录

张老师在导入环节以学生是否喜欢阅读小说导入，向学生渗透了小说群文的概念，体现了环环相扣的特点。

第二环节，张老师呈现了“史上最短的科幻小小说”和“史上最一波三折的小小说”，在短时间内吸引了学生的学习兴趣，把注意力转移到小小说的阅读中去，用学生的问答有效地在学生心目中贯彻了小小说阅读的主要方法：围绕小说的情节发展、故事主人公的事迹等进行推想；在事件发展的过程中感受小小说故事情节在小说中的独特作用。笔者认为张老师在引导学生关注小说的兴趣上很到位，用既能吸引学生兴趣，又能达到教学效果的方式将学生的学习兴趣转移到小小说的阅读上来。

接着，呈现《一件运动衫》和《爱之链》这两篇小小说，引导学生用自己的方式画出人物情节关系图，一方面帮助学生梳理文脉，另一方面为小小说结尾对揭示人物关系的作用这一问题做铺垫。

第四环节，在学生画好人物情节关系图的基础上，采用对比阅读的方式对结尾展开深入探究，让学生感悟文章情感主旨的同时，也感悟到小小说表达方式的突出之处：结尾出乎意料，却又合情合理，让学生发出“原来如此”的惊叹。在探究共同点之后，又引导学生探究两篇小小说的不同点所在，使得学生在群文的基础上加强对文本的深入分析，与笔者研究的群文阅读教学是对单篇阅读教学的补充和延伸不谋而合，在群文之上分析文本，既能锻炼学生的阅读速度，又能加深学生对所选篇目的精读分析与进一步理解。

从总体来看，本节课一共呈现四篇小小说，两篇作为激趣导入，两篇作为重要议题分析人物情节关系以及结尾特点，在群文阅读教学的同时与单篇阅读教学相结合，符合群文阅读“一篇带多篇”的议题选取形式，是一堂成功的群文阅读教学示范课堂。

3. 李娅“小小说意外结局”课堂实录

就文章结构而言，与笔者分析的刘其平“小小说专题阅读”的结构类似，都是以课内精读一篇为抓手，带动课外多篇的阅读。李老师采取“1+X”即一篇带多篇的议题实施形式，以课内一篇《在柏林》，带动课外两篇《窗》《雪夜》，通过仔细品味结局，让学生感受作者情节设置的巧妙之处，并反过来通过结局寻找线索，依据线索逐步推理结局的合理性，体会小小说结局出乎意料又在情理之中的文体特点。

由教师带领学生以《在柏林》一文中“结局哪个地方最让你感到在意料之外？”作为问题精读一篇小小说篇目。接着采取“文本共建、升华议题”的方式，呈现《窗》《雪夜》两篇小小说，寻找关键情节线索来推理结局的合理性。整节课堂以“线索、结局”串联三篇小小说，从线索和结局的关系中逐步统整感受小小说的结尾特点。最终得出结论：线索为结局做铺垫、结局是线索的归宿。

李老师的板书设计特别巧妙，采取如下图 1 所示形式，小小说的结构特点一目了然，且这一结构特点是在学生的不断分析与统整中得出的。

图 1

铺垫
线索 ——→ 关联 ——→ 结局（意料之外，情理之中）
归宿

李老师课后布置作业，作为拓展阅读呈现的两篇小小说《最后一只乌鸦的最后一句坏话》《摩尔根掉井里去了》极具有代表性，设置悬念，激发了学生的阅读兴趣。

4. 三则课堂实录的比较分析

笔者对网络上关于小小说的优质课堂实录进行筛选，但由于群文阅读教学尚未在小学语文课堂教学中得到普及，且以小小说作为体裁的群文阅读教学课例少之又少，笔者暂时选取上述三则课堂实录展开深入分析与评价，得出以下结论。

需要明确的是，三位老师的小小说群文阅读课堂都是极为优质的教学课例，值得开展群文阅读的教师研究借鉴。

（1）一般规律

在小学阶段实施群文阅读教学的过程中，教师一般选取“一篇带多篇”的议题呈现形式[3]。以精读一篇小小说起，引起学生对其他多篇小小说的阅读分析。刘其平“小小说专题阅读”精读课内《桥》一篇；张祖庆“小小说群文阅读”精读《一件运动衫》和《爱之链》两篇；李娅“小小说意外结局”精读《在柏林》一篇。引导学生对一篇小小说展开深入分析之后，把所得结论拓展延伸至群文阅读中去，较好地体现了群文阅读教学与单篇阅读教学的互相渗透。

笔者发现三位教师都抓住了小小说结尾“意料之外、情理之中”的特点对学生进行教学，“欧・亨利式结尾”是小小说独有的结尾特点之一，因此教师可以抓住该特点开展群文阅读课堂教学。

（2）利弊分析

张祖庆“小小说群文阅读”一课中，张老师选取了两则小小说作为课堂导入，较之于刘其平“小小说专题阅读”一课以简单的“你觉得我是做什么的？”导入而言，既能与群文阅读课堂相结合，也能引起学生的阅读兴趣。张老师一箭双雕式的课堂导入方法值得笔者学习。因此，在群文阅读教学中，如何选取合适和有效的课堂导入方法，张老师做了很好的示范。

张祖庆“小小说群文阅读”一课中，精读分析了《一件运动衫》和《爱之链》两篇小小说，引导学生观察发现结尾特点时，不是简单采取“结尾有什么特点？”的粗暴提问，而是逐步引导、层层递进，在学生画好人物情节关系图的基础上，采用对比阅读的方式对结尾展开深入探究，提问学生“文章内容是否可以删去？对情节的组织安排有什么作用？”较之于刘其平的“小小说专题阅读”呈现结尾特点，循序渐进式的教学更利于对学生的引导，是学生中心的很好体现。

李娅“小小说意外结局”一课中，在课堂教学之外为学生的课外阅读指明了方向，在课堂教学中引起学生对小小说的阅读兴趣，在课堂中对小小说语言风格有一定了解的基础上，学生有兴趣对课后给出的另外两篇小小说展开阅读。美中不足的是，笔者建议李老师在课堂环节中多加强些对于主题的渗透，不要仅仅关注文章结构的特点。

（二）个人试教

依据笔者前期大量的理论研究并参考上文刘其平、张祖庆、李娅三位老师的课堂实录研究分析，笔者立足议题“邓小平的生平事迹”设计了一堂小说群文阅读教学课并试教。本节群文阅读教学课拟采用传统课堂教学模式与群文阅读课堂教学模式相关联的方式，从而展开教学。笔者在此呈现试教过程中的教学设计、试教情况以及个人反思：

1. 教学目标及教学重难点

（1）教学目标：

其一，了解课文大意，感受“‘超级球迷’邓小平”的多方面体现。

其二，通过快速阅读给定的小小说片段，了解邓小平生平事迹并概括其精神品质。

（2）教学重点：感受邓小平“超级球迷”的具体表现并概括。

（3）教学难点：短时间内阅读“邓小平的生平事迹”，能够消化吸收邓小平的精神品质。

2. 教学设计

（1）激趣导入

（2）生字词教学

（3）文脉梳理

注：因教学设计前三个环节不体现群文阅读教学的特点，因此就不过多赘述。

（4）群文介绍邓小平事迹

其一，由梳理文脉导入，知道关于足球写了邓小平爷爷的四件事，过渡：“同学们，邓小平爷爷还有很多趣事儿，你们想知道吗？”

其二，呈现事例，概括总结。

【事例一】20 世纪 30 年代初期，邓小平受任中共瑞金县委书记。当时的社会环境下，人民生活贫困潦倒，尤其缺乏基本的个人生活用品。邓小平一再倡导各位领导者要勤俭节约、艰苦朴素，并时刻以同样的要求规范自己的一举一动。

当地人小刘无意中发觉邓小平书记的那条格子毛巾用了两年依旧完好无损，而自己的那条毛巾用了没多久就已经报废，于是他去询问邓小平。邓小平笑着回答：“有！你下次注意观察我洗脸的样子你就会明白的！”

后来，小刘意外发觉邓小平书记在洗脸时不是简单粗暴地用手拧毛巾，而是小心翼翼挤毛巾。对此，邓小平书记这样回答道：“你看，凡事都要讲究个打破砂锅问到底。毛巾是线织成的，线容易拧断，毛巾也是如此。用手挤，水呢就会顺着毛巾的纹路流下去，不是更能节约毛巾吗？”小吴这才明白，邓小平这么做原来是为了节约。

【事例二】新中国刚刚成立的那个严冬，邓小平刚结束开国大典各项工作，便与刘伯承一起率刘邓大军千里挺进大西南地区。以势如破竹的节奏，清剿国民党在西南边疆地区的残余势力。邓小平出任西南军政委员会副主席、西南军区政治委员以及中共中央西南局第一书记，成为管理大西南边疆地区的地方大员。

从 1950 年年末到 1980 年这将近三十年的时间内，邓小平前后共有九次回到家乡四川的经历。但是每一次回到此地，都因公事紧张，一次都没有回广安老家。

【事例三】在一个大型会议结束后，邓小平在主席台上习惯性地点了一支香烟开始吸。当时下面的会议代表心想："才过去世界无烟日，人们都在加大力度宣传吸烟危害健康，怎么邓小平同志就这么喜欢吸烟，这么不听劝告，开大会还吸烟呢？"

经过大家的商量，决定写一张便签纸条给邓小平，上面写了这样一句话："请小平同志注意，在主席台的时候禁止吸烟，特此通知。"邓小平看了纸条，露出尴尬的笑容，随即把正在吸着的烟熄灭了。

从那以后，邓小平吸取教训，牢记纸条上的劝告内容，再也没有在重要的公众场合如在主席台上吸烟了。

其三，教师提问，感悟品质。

教师提问："邓小平除了课文中提到的对足球的热爱以外，还有哪些特点和精神品质？"引导学生关注邓小平爷爷的"长命毛巾""九过家门而不入""接受批评并戒烟"三则事例所凸显的邓小平爷爷勤俭节约、热爱工作、知错就改的品质，丰富学生对邓小平的认识。

（设计意图：三则事例是笔者在查阅资料的基础上稍加改编而成的小小说，符合篇幅短小、故事情节简单却能揭示人性的特点。同时要求学生快速阅读，以锻炼学生快速阅读文章，并在阅读中有效提取关键信息的能力。与单篇阅读教学相比，群文阅读教学能丰富学生对邓小平人物形象的认识，课文本身也是呈现邓小平生活中可爱亲民的一面，学生理解掌握三则事例之后，会对邓小平有一个更全面深刻的认识。在三则事例的选取上，笔者尽量选取邓小平亲民化、生活化的事例，既符合课文所要呈现的"超级球迷"邓小平的形象，也能在另一方面充盈邓小平的人格形象）

其四，小说群文，感悟议题特点。

引导学生分析选取的这三则材料都有什么共通之处，学生会发现三则材料都是关于邓小平的事迹介绍，有趣生动，且每则材料都体现了邓小平爷爷的一个精神品质。

（设计意图：感受议题选取的相似性）

其五，总结升华，交流讨论。

再给学生呈现一个邓小平的精神品质：关心下属，试让学生依据刚刚呈现的材料特点，自己编写一则故事，在具体事例中突出邓小平的人格品质。

（设计意图：锻炼学生实践能力）

3. 试教情况及个人反思

课后，笔者随机选取几位学生询问课堂教学效果，学生反应对于邓小平的生平事迹很感兴趣，愿意跟随教师思路积极思考。学生指出，通过群文的形式，自己对邓小平的认识更加深刻全面，课堂环节中对于邓小平事迹的扩展，丰富了自己对邓小平的认识，与以往的课堂相比更有趣味性，今后也愿意在语文课堂中多进行群文阅读的学习。

但部分学生在课堂教学过程中难以紧跟教师教学步骤，笔者也对此进行了反思，在较短的课堂内给学生呈现多则片段的确是对学生阅读速度和信息筛选能力的重大考验，而由于试教班级学生是第一次进行群文阅读教学实践，因此在实施上有一定难度。笔者相信在后续多次进行群文阅读课堂教学的基础上，能够锻炼学生快速阅读信息、筛选关键信息的能力，教学环节会进行得更加流畅。

另外，本节课是在课文《"超级球迷"邓小平》的基础上展开构建的，在文章选取上，笔者前期花费了大量的时间收集关于邓小平的生平事迹并适当改编成与笔者研究方向一致的小小说类型的文章。在实际上课过程中，学生能够对同时呈现数则事例表现出较高的积极性，愿意开动脑筋概括分析事例的内容、共同特点。这也潜移默化地完成了小小说群文阅读教学的目标。但是以此为中心的课堂需要学生在对课文内容掌握透彻的基础上展开，否则学生都无法体会"超级球迷"之"迷"的具体体现，又如何分析邓小平的勤俭节约、热爱工作、知错就改呢？笔者在实际课堂实践中发现，学生在预习课文、了解文章内容的基础上展开关于邓小平精神品质的群文阅读，有较好的实践效果。

因此，不论何种体裁、何种形式的群文阅读教学，对教师和学生都提出了高要求，需要师生在具体实践中共同进步。

参考文献：

[1] 王朔，李爽．群文阅读实践概述 [J]．上海教育科研，2015(04):56-59.

[2]（法）朱丽娅·克里斯蒂娃．符号学：意义分析研究 [A]．朱立元．现代西方美学史 [M]．上海：上海文艺出版社，1993:947.

[3] 刘大伟，蒋军晶．群文阅读教学：概念、价值及实践路径 [J]．南京晓庄学院学报，2016(1):33-37.

文言文的群文教学实践

南京市汉江路小学　朱澄蕾

一、小学文言文群文阅读教学理论探索

（一）课内文言文群文阅读教学探索

1. 统编版文言文的选编情况

统编本教材中文言文最早出现在三年级上册，一共 14 篇，从四年级上册开始每本教材都会出现两篇及以上的文言文，下面笔者将从人文主题、选文来源几部分来进行梳理。

表 1

所属册数	人文主题	课文	选文来源 / 作者
三年级上册	美好的品质	《司马光》	《宋史·司马光传》
三年级下册	寓言故事	《守株待兔》	《韩非子·五蠹》
四年级上册	神话传说	《精卫填海》	《山海经·北山经》
	古代故事	《王戎不取道旁李》	《世说新语·雅量》
四年级下册	伟大的品格	《囊萤夜读》	《晋书·车胤传》
		《铁杵成针》	《方舆胜览·眉州》
五年级上册	爱国情感	《少年中国说》（节选）	《少年中国说》
	读书	《古人谈读书》	《论语》 朱熹 曾国藩
五年级下册	思维的火花	《自相矛盾》	《韩非子·难一》
	幽默风趣智慧	《杨氏之子》	《世说新语·言语》
六年级上册	感受艺术	《伯牙鼓琴》	《吕氏春秋·本味》
		《书戴嵩画牛》	苏轼
六年级下册	科学发现	《学弈》	《孟子·告子上》
		《两小儿辩日》	《列子·汤问》

2. 课内文言文群文阅读教学初探

（1）选择课内文本，确定适当议题

首先，统编本教材具有很大的单元整合性。很多文本被安排在一个单元就已经具有一定的共同点，这对文言文群文阅读教学选取议题很方便。例如四年级下册《文言文二则》选取的是《囊萤夜读》《铁杵成针》两篇文言文，这一单元的人文主题是“伟大的品格”，《囊萤夜读》体现的是学习的勤奋，《铁杵成针》赞扬的是坚韧的毅力，这都算是伟大的品格，所以这两篇文言文就可以组成群文阅读，“伟大的品格”就可以成为议题。再如五年级上册第八单元的《古人谈读书》，其中选取了三篇文言文讲述古人对读书的理解，并且作品的年代也各不相同，阐明读书的不同方面，具有互文性，数量也很适宜，是可以直接进行群文阅读教学的，议题就可以定为“读书的秘诀”。

其次，统编本教材有其编排文本的科学性。笔者这里所说的重组课内文本并不是打乱原有的年级顺序，而是考虑到小学生进行文言文群文阅读具有一定的难度，所以笔者尝试将中年段已经学过的内容与高年段未学习过的文言文进行结合，来降低小学生文言文群文阅读的难度。为避免重复学习，笔者将不再选取中年段已经学习过的文言文，而是从中年段的教材中选取学生阅读、学习过的白话文。这些白话文曾经是经典的文言文，只不过被教材的编者翻译成了白话文供学生阅读，在这里笔者尝试将这些翻译过来的白话文还原成经典文言文，这样一来学生对原本的内容已经有了大致的了解，实现文白对读，再去阅读文言文版的更能够体会文言文的精炼，也降低了学生学习文言文的负担。例如在三年级下册课后资料袋中就出现过《南辕北辙》，学生阅读过《南辕北辙》的白话文版，大致了解了内容，教师可以在五年级下册教学《自相矛盾》时，将这两篇文言文结合，以“思维的矛盾”作为议题，引导学生思考这两个人的思维矛盾在哪里。

要全部从课内选取文言文群文阅读的文本难免在一定程度上造成重复学习，打乱教材编写的科学性，因此精读课内一篇，适当补充课外一篇，更能够遵循教材编写的科学性，丰富学生的积累。

三年级上册《司马光》，侧重点放在诵读理解感受文言文语言的特殊性，消除陌生感上面，课后习题提到“这篇课文的语言和其他课文有什么不同”，因此教学更多侧重于文言文语言的特色，结合单元主题美好的品质，笔者认为可以结合

《孔融让梨》进行群文阅读教学，以此体现高尚品格的两个方面，一个是对朋友，一个是对亲人，一个体现勇敢智慧，一个体现传统文化中的温良恭俭让，具有互文性。

三年级下册的《守株待兔》是一个寓言故事，趣味性较强，同时也揭示了深刻的道理，可以将课后资料袋中的《南辕北辙》还原成文言版本，再进行适当删减，方便学生阅读。

四年级上册的《精卫填海》属于神话故事，虽然简短，但是编者很注重讲清楚故事的起因经过结果，因此我们可以抓住这次机会引导学生进行简单的文言文创作，再提供一篇《大禹治水》，议题可以定为“文言文原来可以这样写”让学生在简单的创作中感受文言文的乐趣。

四年级上册还有一篇选自《世说新语》的《王戎不取道旁李》，在这一部分，可以“王戎何许人”为议题，补充一篇写王戎长大后事迹的文言文，让学生更能感受到作为“竹林七贤”之一的王戎的智慧。

四年级下册出现了两篇文言文，分别是《囊萤夜读》《铁杵成针》，两篇文章都有一个共同的主题“伟大的品格”，文本和议题都可以直接取自教材，数量也很合适，只要采取合适的策略就可以达到举一反三的效果。

五年级上册的《少年中国说》文本篇幅较长，有些词句意思晦涩难懂，对学生的学习来说是挑战，因此进行群文阅读教学具有一定难度，再加一篇选文可能会让学生感到吃力，因此笔者不赞成将这篇文章作为群文阅读的文本。

五年级上册的《古人谈读书》也很适合直接进行群文阅读教学，议题在以上部分已经论述过，这里不再赘述。在这一部分笔者推荐使用“学习任务单”这样的教学策略，帮助学生归纳整理文章内容。

五年级下册《自相矛盾》是成语故事，笔者拟定选取《滥竽充数》作为补充，拟定议题为“小故事里的大智慧”。由于故事具有较强趣味性，笔者认为这里可以采用“读—演”这样的教学策略。

五年级下册《杨氏之子》选自《世说新语》，其中记载了不少文人轶事，笔者拟选取《谢太傅篇》中的选段《咏雪》作为群文阅读教学的文本，拟定议题为“智慧的少年”，通过两篇文章思维的幽默与语言的魅力让学生感受中华传统文化的思想美、韵律美。

六年级上册的《伯牙鼓琴》《书戴嵩画牛》都出自一个单元，实际上两篇中任何一篇都有很多可以挖掘的思想点，可单独拿出来与课外的文本组成群文阅读教学，但是同样考虑到学生的实际学习情况，再加上两篇文章的确都有共同点，笔者不再特意从课外选取进行群文阅读教学，旨在让学生更为扎实地学习课内文言文，拟定议题为“艺术之美”。挖掘课内选文内涵，笔者认为这两篇文言文虽然都写艺术，但是一篇将艺术与友情、生命结合，将艺术拔高到了生命的境界，另一篇却指出了艺术有时也会脱离实际，缺乏生活经验的艺术家可能不如一个牧童，将这两篇文言文放在一起教，可以让学生以一个更广的视角看待艺术，做到不一概而论。

六年级下册的《学弈》可以与课外的《纪昌学射》组成群文阅读教学，《纪昌学射》在四年级教材中以白话文出现，现在还原成文言文，拟定议题为“学习之道”。

六年级下册的《两小儿辩日》既具有争辩性又具有科学性，笔者尝试抓住科学性，选取《日时》作为课外补充的文本，拟定议题为“科学发现”，引导学生探索简单的科学知识。

笔者将以上对教材的分析与文本、议题的选取进行整理，如下表：

表 2

<table>
<tr><th>年级</th><th>上 / 下册</th><th>议题</th><th>选择文本</th></tr>
<tr><td rowspan="2">三</td><td>上</td><td>“美好的品质”</td><td>《司马光》《孔融让梨》</td></tr>
<tr><td>下</td><td>“寓言，生活的一面镜子”</td><td>《守株待兔》《南辕北辙》</td></tr>
<tr><td rowspan="3">四</td><td rowspan="2">上</td><td>“文言文原来可以这样写”</td><td>《精卫填海》《大禹治水》
（只选取起因经过结果部分）</td></tr>
<tr><td>“王戎何许人”</td><td>《王戎不取道旁李》《世说新语》
（王戎节选）</td></tr>
<tr><td>下</td><td>“伟大的品格”</td><td>《囊萤夜读》《铁杵成针》</td></tr>
<tr><td rowspan="3">五</td><td>上</td><td>“古人谈读书”</td><td>教材中原有选文</td></tr>
<tr><td rowspan="2">下</td><td>“小故事里的大智慧”</td><td>《自相矛盾》《滥竽充数》</td></tr>
<tr><td>“智慧的少年”</td><td>《杨氏之子》《世说新语·咏雪》</td></tr>
<tr><td rowspan="3">六</td><td>上</td><td>“艺术之美”</td><td>《伯牙鼓琴》《书戴嵩画牛》</td></tr>
<tr><td rowspan="2">下</td><td>“学习之道”</td><td>《学弈》《纪昌学射》</td></tr>
<tr><td>“科学发现”</td><td>《两小儿辩日》《日时》</td></tr>
</table>

（2）根据议题设计适当问题

根据以上对文本和议题的选取，笔者制定了如下主问题开展群文阅读教学：

表3

议题	主问题	主要教学策略
“美好的品质”	1. 跟着老师读课文，注意停顿，说说这两篇课文的语言与以前学习的课文有什么不同？ 2. 司马光和孔融给你留下什么印象？ 3. 说说你身边有没有这样美好品质的人？	诵读品味 对比阅读，感知趣味
“寓言，生活的一面镜子”	1. 用自己的话说说寓言的大致内容，想想那个农夫为什么会被宋国人笑话？ 2. 故事中的坐车人错在哪里？他和农夫有什么相似的地方？ 3. 你在生活中见过这样的人吗？	文白对读
“文言文原来可以这样写”	1. 小组交流这两篇课文都写清了故事的哪些部分？ 2. 用自己的话给大家讲讲这两个故事，注意说清起因经过结果。 3. 照着《精卫填海》的样子尝试用文言文写一件小事，注意写清楚起因经过结果。	小组讨论 复述文言文 个性化写作
“王戎何许人”	1. 说说王戎不取道旁李的原因。 2. 结合两篇文言文再结合课后查到的资料说说你觉得王戎是个怎样的人。	聚焦人物，深入理解
“伟大的品格”	1. 说说这两个故事的主人公分别做了一件什么事情？结果怎样？ 2. 他们都有怎样的品格？ 3. 请你用自己的话夸一夸这两个主人公。	以说促学，发展语言表达能力
“古人谈读书”	1. 古人谈读书的态度是什么？从文中找一找相关的句子。 2. 古人认为读书的方法是什么？你赞同吗？ 3. 说说这三篇文言文给你的读书启示是什么？	自学清单 板块化教学
“小故事里的大智慧”	1. 两篇文言文的主人公犯了什么类似的错误？ 2. 联系生活实际说说有没有自相矛盾或滥竽充数的人？我们又应该怎么做？	联系生活实际， 搭建教学支架[1]
“智慧的少年”	1. 杨氏之子和谢道韫分别智慧在什么地方？ 2. 杨氏之子和谢道韫有什么不同之处？ 3. 联系生活实际和自己的积累说说你还知道哪些智慧的少年？	分角色扮演 情境教学
“艺术之美”	1. 两篇故事分别向我们传达了什么道理？ 2. 艺术可以寄托人什么样的情感？艺术和生活实际有时又会有什么不一样？ 3. 联系生活说说你的理解。	整合教学，丰富内涵

（续表）

“学习之道”	1. 两篇文言文都讲了哪一个方面的内容？ 2. 学习之道应当是怎样的？ 3. 这对你的学习方法有何启示？	古今对接 自主提问
“科学发现”	1. 两个小朋友在辩论什么？结合第二篇文言文说说你的观点是什么？ 2. 你认为科学发现需要什么样的精神？	情境教学 探究式教学策略

（二）课外文言文群文阅读教学探索

1. 根据年段选取适当议题与文本

（1）低年段

教材在低年段并没有安排文言文供学生阅读，所以为了遵循教材的科学性和学生学习的顺序性，笔者也不安排低年段的文言文群文阅读。

（2）中年段

教材中中年段的选文一般是寓言或者是写人的文言文，课外的选文笔者也会再选择寓言或写人的文本进行拓展阅读，但是也会选取更为有趣的文本，重点提高学生阅读文言文的兴趣。

其一，“乡村生活”

小学阶段有不少与乡村生活有关的文章，如果相似的内容用文言文表达会是什么样的呢？以“乡村生活”作为议题，选文更贴近中年段孩子的阅读兴趣。

第一，《乡村》

第二，《芦花》

这一部分仍旧只选取两篇文言文，精读《乡村》，补充《芦花》，同时可采用图片、视频、音频等方式辅助学习，让学生说一说你心目中的乡村生活是怎样的。

其二，“古人眼中的自然界”

第一，《雪》

第二，《千字文》（第 5 章）（云腾致雨，露结为霜。金生丽水，玉出昆冈。）

这一部分精读《雪》，略读《千字文》（选段），感受自然界的美妙，古人眼中的自然界，选文语言优美，适合学生反复吟诵。

其三，“那些不懂得变通的人”

第一，《郑人买履》

第二，《刻舟求剑》

这一组可以用于四年级课外文言文群文阅读，因为在三年级下册已经读过寓言故事，再读稍微有难度的这两篇文本，寻找这两位主人公的相同之处。

（3）高年段

其一，“笑”

第一，《汉人煮箦》

第二，《奶奶属牛》

第三，《屁颂》

这是借鉴了著名特级教师赵志祥老师的文本选择，由于选文具有极大的趣味性，且难易适度所以笔者直接选入了这三篇选文，用朗读和吟诵、表演的方式让学生感受鲜明的人物形象。

其二，“疑”

第一，《智子疑邻》

第二，《疑邻窃斧》

这两个故事都有共同点“疑”，和人的主观偏见有关，同时包含为人处世的道理，供学生阅读，体味人情冷暖。

其三，“苏轼的人生观”

第一，《刚说》

第二，《记三养》

苏轼的选文有一定的难度，但是又饱含哲理，非常具有品读的价值。笔者在《东坡志林》中选取了两篇内容富有哲理语言较为浅显易懂的文章，可以针对六年级学生进行文言文群文阅读教学，主要任务是仔细品读苏轼语言感受生活哲理。

其四，“学习这件事”

第一，《凿壁偷光》

第二，《诫子书》

第三，《颜氏家训》（“莫等闲白了少年头”选段：“幼而学者，如日出之光，老而学者，如秉烛夜行，犹贤乎瞑目而无见者也。”）

这一部分也可以放在六年级进行群文阅读教学，因为学习是要伴随学生一辈子的事情，在小学快结束时，希望这三篇文本能够激励学生刻苦读书。第一篇选取苦读书的故事，与课内《囊萤夜读》呼应，激励学生在优裕的生活中更要努力读书；第二篇选取著名的《诫子书》，读来琅琅上口，引导学生多读，感兴趣的可以背下来，意思大致理解即可；第三篇选自经典《颜氏家训》，激励学生学习要趁早，抓紧时间努力读书。

2. 确立主问题

在课外文言文组成的群文阅读教学中笔者选取主问题引领策略作为教学主要策略，课外文言文群文阅读要求较低，不求甚解，因此在此基础上再运用情景教学策略以及启发式教学策略引导学生自主讨论，以提高阅读文言文的兴趣为最重要的目的。根据对课外选取的文本与议题的分析，现将文言文群文阅读主问题拟定如下：

表4

年段	议题	主问题
中年段	“乡村生活”	（1）你印象中的乡村生活是怎样的？ （2）这两篇文言文中描写的乡村生活与你印象中的一样吗？你喜欢古人眼中的乡村生活吗？
	“古人眼中的自然界”	（1）你能不能根据注释自主读懂、读好这两篇课文？ （2）古人眼中的自然界怎么样？能不能读出你的感受？
	“那些不懂得变通的人”	（1）你能用自己的话说一说这两个故事吗？ （2）你知道主人公买不到鞋子、找不到剑的原因是什么吗？用原文的话回答。 （3）如果你就在这两个故事的主人公旁边，你会怎么劝他们呢？
高年段	“笑”	（1）你觉得这三个故事好笑吗？好笑在哪里？ （2）请找出你觉得文中特别搞笑的句子，读给同伴听。 （3）用自己的话向家人或朋友讲一讲这三个故事，看看你能不能让他们捧腹大笑。
	“疑”	（1）这两篇文章中被怀疑的都是谁呢？为什么会被怀疑？ （2）这两个故事中都有“疑”这个字，不同之处在哪里？ （3）从这两个故事中你明白了什么道理？和同伴交流交流。
	“苏轼的人生观”	（1）你了解苏轼吗？说一说你印象中的苏轼。 （2）大声朗读这两篇文言文，你明白了什么道理？ （3）能不能把这两篇文章和已经学过的《书戴嵩画牛》结合起来读一读，说一说你的体会。
	“学习这件事”	（1）看到这组课文你想到课内的哪些课文，根据以往的积累你能自己疏通课文吗？ （2）大声朗读《诫子书》和《颜氏家训》（选段），感兴趣的同学可以背下来。联系以往的学习体会，说说这组课文对你以后的学习生活有什么启发。

二、小学文言文群文阅读教学实践探索

根据以上对文言文群文阅读教学的理论探索以及前期查阅的众多课堂实录，笔者选用中年段议题“古人谈读书”进行实践探索，在实践过程中针对五年级学生进行试教。

考虑到试教班级的学生从未接触过群文阅读，笔者选用课内的原有文本《古人谈读书》进行试教。教学设计、教学具体情况以及教后反思如下：

（一）教学设计以及教学情况

1. 回顾读书名言，揭示议题

请学生回顾读书名言或者古诗，畅所欲言，说说你从这些读书名言或故事中知道了有关读书的哪些道理。

总结学生的回答，我们中华民族一直以来都有着良好的阅读传统，刚刚同学们说到了古今中外的许多读书名言，那么古人对读书有怎样的看法呢？我们一起走进“古人谈读书”。

【设计意图】回顾以往学习过的有关读书的名言，唤起学生的已有经验，再导入课题。

【教学情况】对于读书名言或故事学生们都能说出很多，例如“书籍是人类进步的阶梯”“腹有诗书气自华”“读书破万卷下，笔如有神”等等，对于故事学生们可以说出“囊萤映雪”“凿壁偷光”等等，教学效果较好。

2. 借助注释，读通文本

学生根据注释自己读三篇文言文，要求：读准字音，读通句子，标出节奏线。

师生共读，读准字音，读通句子，读出节奏。

请同学们围绕三篇文章说说你印象最深的句子，谈谈它为什么给你这么深的印象？给大家读一读这个句子。

【设计意图】文言文的教学第一步就是要疏通文本，读准字音，读通句子，这样才能为下面对比阅读作铺垫。

【教学情况】第一篇读来脍炙人口没有很大难度，第二篇、第三篇存在断句问题，尤其是第三篇，学生读来有一定难度，需要教师带领着读。

3. 对比阅读，寻找共性

古人对读书的态度如何？请从文中找出相关句子读一读和你的同桌交流。

你能将古人对读书的理解通过关键词批注在选文旁边吗？小组交流看看你们找的关键词一样吗？关键词：好问、诚实、不知疲倦、读书三到、志气、见识、恒心、读书方法。

根据整理好的关键词从选文中找出相应句子填进表格，观察表格思考这三篇文章在谈读书方面有什么共同点？都有关于读书眼界的问题，都有关于专心的方面，都有关于读书要上进的方面……

【设计意图】这一部分是教学难点，将三篇文本进行对比阅读，学生从文中找出或者自己概括关键词，根据关键词找到三篇文本的共通之处，进行整合。

【教学情况】学生畅所欲言，说出许多的共同点，但是答案五花八门，导致课堂秩序较乱，笔者难以把控课堂生成，导致教学效果不佳。

4. 精读体会，聚焦个性

这三篇选文每一部分都有侧重点，选文一、选文二、选文三分别给你怎样的读书启示？找出选文二、选文三的中心句。

你能找出印象最深的一部分读给同学听并说说你的体会吗？小组交流。

结合你的读书经历说说以后读书分别要注意些什么？

根据关键词合作背诵课文。

【设计意图】这一精读部分，聚焦三篇文章的个性，探讨三篇选文给你的读书启示，结合了课后第三题进行设计，主要引导学生说出平时读书做到“心到眼到口到”，树立读书志向，读书要有恒心，眼界要宽广。

【教学情况】学生难以说出三篇选文的侧重点，但是基本都能说出启示中的“三到”，能结合自己的读书经历举例说明启示。

（二）教后反思

这节课笔者反复试讲、反复严选文本之后进行试教，教学过程完整，但是过于以课内文本为中心，旨在让学生吃透课内文言文，没有进行课外文本的选取，群文阅读的量有所欠缺。除此以外，虽然在补充文本之后加入了很多的注释，但未考虑到学情，导致学生在理解上存在偏差。试教存在许多不足，但是学生对于新的文言文阅读方式明显更为感兴趣，令学生望而生畏的文言文阅读也在群文阅读教学课堂中得到了解放，相信这样新型的教学方式可以给教师和学生的阅读带来更多丰富的体验。

参考文献：

[1]陆娟萍.“演读”小古文阅读课程的建设[J].教学与管理，2018:20-22.

古诗的群文教学实践

江苏省新苏师范学校附属小学　温颖

从古代内涵丰富的“诗教”传统到如今古诗被选入教材作为教学内容的一部分，诗的教学一直是培养人才的必行之路。虽然古往今来“诗”的概念已经发生了很大的变化，但如今古诗在培养学生诗性思维、开阔学生情感领域以及引导学生继承优秀传统文化等方面所发挥的积极作用是不容置疑的。

近年来，中华优秀传统文化的传承教育受到越来越多的重视，古诗在语文教学中的地位也逐步提高。如何更好地教古诗？目前的古诗教学是否有可改进的地方？围绕这些问题，笔者开始思考是否能够用群文阅读教学方法去教古诗。

一、古诗群文阅读教学的可能性

《义务教育语文课程标准（2011年版）》对诗歌类文本的教学目标有如下阐释：第一学段，“诵读儿歌、儿童诗和浅近的古诗，展开想象，获得初步的情感体验，感受语言的优美”；第二学段，“诵读优秀诗文，注意在诵读过程中体验情感，展开想象，领悟诗文大意”；第三学段，“阅读诗歌，大体把握诗意，想象诗歌描述的情境，体会作品的情感”[1]。如果将目光集中于《课程标准》对古诗的要求，可以看出第一学段，强调学生对古诗的初步感知，涉及的古诗也是比较“浅近”的；第二学段，强调诵读在古诗教学中的重要地位，并开始要求学生领悟古诗的大意；第三学段，体验作品的情感成了古诗教学的重点。相应的，群文阅读教学能够扩大学生古诗阅读量和阅读范围，为学生感知古诗、理解古诗大意和背后的情感提供了条件；再加上课堂教学中教师的引导和提问，与课后自主阅读古诗相比，学生能更好地品味课内、课外的优秀诗文。

古诗是否能够为群文阅读教学议题的确定和文本的选择提供便利？在群文阅读教学中，议题应具备可议论性、开放性两个特征[2]，遵循简洁性、大略性、实用性三个原则[3]；文本应当具有互文性。古诗的类型众多，描写的内容丰富、表达的情感多样，可围绕古诗的多个特质制定合适的议题；再加之中国古典诗歌互文性非常显著，像“用典”“化用”就类属其中，因此，古诗很适合被用来编排群文阅读文本。

构建群文主要分为以下几个步骤：确定议题、选择文章、设计问题。下面笔者将围绕这几个方面探讨古诗群文阅读教学。

二、古诗群文阅读教学中议题的确定和文本的选择

1. 围绕古诗描写内容确定议题

教材编写者常会把内容相似或相关的古诗编排在一起。一方面丰富的材料能让学生更好地理解相关内容，另一方面统一题材而创作方式不同，也能带给学生一些思考。如果能够将古诗与现代文本比较，学生也能更好地体会古诗语言的优美。

在这一视角下，笔者拟定“孩童趣事”这个议题。提到古诗中的童趣，我们能想到“忽然闭口立”的可爱，也能联想到“怕得鱼惊不应人”的认真，还有“不解藏踪迹”的天真。《所见》《小儿垂钓》《池上》这三首可以算作是三篇有代表性的写儿童的古诗。将这三首诗结合起来阅读，是希望能够在欣赏古代孩童的形象的同时唤起学生的孩童之心。

2. 围绕古诗表达情感确定议题

“诗歌是表现情感的”，这句话是中国历代论诗者的共同信条[4]。一直以来，对古诗情感的挖掘、理解都受到一线教师的重视。古诗中表达的情感多样，在此笔者选择中小学阶段经常遇到的一种情感——“愁”来讨论。古诗里表达“愁”有很多种方式。有以山喻愁、以水喻愁，还有像李白这样以“白发”之长喻愁之重之深。这些或新奇或动人的比喻让学生不仅体会到诗人的愁绪，更能够欣赏到古人创作手法的多样性和创造性。因拟定议题“诗人怎样来写愁”，并选择文本如下：《雨夜呈长官》（节选），诗前六句既以水喻愁，又拿愁的重量与山的重量相比；《秋浦歌十七首》（其十五），李白独辟蹊径，喻愁方式与众不同；《虞美人》，其把愁比作流动的江水的写作手法赋予了“愁”动态的感觉。

3. 围绕古诗作者确定议题

古人说“知人论世”。在古诗的阅读和分析上，我们也常常会重视作品的创

作者——诗人的个人生平经历。这里我们就一起来谈谈诗人白居易。白居易曾担任杭州刺史、苏州刺史，江南在他心目中留有深刻的印象。他六十七岁时写下了三首《忆江南》，我们熟悉的《忆江南·江南好》是其中之一。此时的他不仅是怀念江南美景，而且可能更多的是对年轻有为的自己的怀念，“忆”字蕴含的感情丰富，三首诗中最后一句都表达了诗人对重游江南的无限期待。因此应当将这三首结合在一起学习，也让学生理解这三首诗都是白居易眼中的美丽江南，是带有个人强烈主观情感的景物描写。最终拟定议题“白居易眼中的江南”。

4. 围绕古诗创作特点确定议题

这一点主要从工具性的角度出发，挖掘古诗创作的特点。具体来说，可以包括固定意象的使用、表现手法的使用、某个字的高频使用等。

（1）固定意象的使用

朱光潜在《诗论》中提到，“每个诗的境界都必有‘情趣’（feeling）和‘意象’（image）两个要素”[5]。在古诗创作的过程中，越来越多的意象有了自己特定的含义，在不同内容的诗中使用不同的意象已经成了一种约定俗成的习惯。这也就给我们的古诗群文教学提供了一定的便利。如蒋军晶老师在群文阅读课“送别”上引导学生探讨“柳”这个意象的含义，并同时呈现大量送别诗，使学生在掌握“柳”作为一个常见送别意象的用法的同时能够在以后学习分析古诗的过程中注意到“柳”这一特殊意象，以提高分析古诗的能力。

在此笔者借鉴蒋军晶老师的课例，拟定议题“送别诗中的‘柳’”，并选择涉及“送别”和“柳”的古诗，具体如下：《诗经·采薇》（节选），诗经中的“杨柳依依”可以说是较早用“柳”来写送别的诗句了；《送元二使安西》，作为一首著名的送别诗，其后两句描绘了一个典型的送别场景，前两句对鲜嫩碧绿的“柳”的描写就显得别有深意了；《闺怨》，该诗叙述了一位少妇见柳思夫，悔恨自己让夫君离家争功名的故事，诗的内容通俗易懂，“柳”的出现自然又贴切，与其他选择的文本不同的是，该诗中的主人公是女性角色；《春夜洛城闻笛》，“折柳”在这里不再是一种送别的习俗，而是作为一首笛曲《折杨柳》而存在，该曲内容多描写离情别绪，无形中勾起了诗人思念故乡的情感。

（2）表现手法的使用

古人写诗的基本表现手法是“赋、比、兴”，此外，诗人还会运用比拟、夸张、借代、叠词等多种修辞手段。其中一些有特点的可以供学生学习、体会。如在课例“他的诗真‘夸张’”中，教师从古诗《夜宿山寺》引入到李白常用的夸张手法，再通过分析李白的代表作品，使学生体会这种夸张的效果并对李白这位诗人的创作特点有更深的理解。

除了李白著名的夸张手法，笔者在这里想特别介绍古诗中的叠字手法的使用。中国诗歌中会有许多字的重叠，即叠字。诗中运用叠字或叠词，具有加强诗歌韵律、有利状物、抒情的作用[6]。为了引导学生感受诗歌语言的优美，在低年段拟定议题“一起读叠字”。

叠字的使用也有一定要求，要做到“复而不厌，赜而不乱”（顾炎武）[7]，即字虽然叠加重复但应有变化多姿的美感，不能带给人厌烦和杂乱无章的感觉。根据以上分析，选择文本如下：《杳杳寒山道》，这首诗通篇句首都用了叠字，但各组叠词词性和描写的对象不同，叠词的运用使整首诗形式整齐富有音乐美，同时增强了诗的感情色彩；《古诗十九首・青青河畔草》（节选），这首古体诗前六句中的叠字塑造了一个姿态优美的女子的形象，极富美感；《诗经・采薇》（节选），这首诗最后八句的叠词用得很精妙，在离家和归家景色的对比中写出了士卒离家之久、思乡之切；《敕勒歌》，与以上刻意雕琢的叠词不同，这首诗的语言淳朴自然，“天苍苍，野茫茫”，就好像是少数民族人民在日常生活中面对大草原美好风光时自然发出的感叹。

（3）某个字的高频使用

“孤”在诗中会与多种意象结合，产生独特的效果，如“墟里上孤烟”“孤舟蓑笠翁”“孤帆远影碧空尽”“日见孤峰水中伏”，单独看一句或许仅能发现一位诗人想要抒发的孤单之情，但如果放在一起研究，就能够发现把自己的情感带入到景物中去，用“有色眼镜”去观物，是很多古诗创作的共同之处。在针对这类字进行专门教学、讨论后，在以后的古诗阅读中，学生也能够更敏锐地抓住古诗中与情感相关的词语，把握住古诗的情感基调。与之相似，王维诗中，“空”字出现的频率很高，如“空山不见人”“空山新雨后”“夜静春山空”“积雨空林烟火迟”。这种营造出来的空明的感觉与王维修行佛教有关，但这些句子又各有各的不同，探寻同中之异正是群文阅读教学有趣之处。

在此主要探讨议题“古诗中的‘孤’字”。围绕带有此情感的意象选择文本：

《送梁六自洞庭山》《江雪》《送孟浩然之广陵》《独坐敬亭山》。以上古诗中的“孤峰”“孤舟”“孤帆”“孤云”，既为学生提供了想象的空间和想象的起点，又为我们委婉地呈现了通向诗人内心的道路。

三、古诗群文阅读教学中问题的设计

在群文阅读教学中，设计的主问题数量不应过多，但应能牵引整组群文，既要有一定的难度还要有一定的广度。根据以上观点和对古诗的分析，拟整理设计各个议题的主问题如下：

议题	文本	主问题
“孩童趣事”	《小儿垂钓》《池上》《所见》	（1）读了这几首诗，你有什么感受？ （2）哪句诗让你觉得有趣？为什么？ （3）钓鱼、划船、捕蝉这些活动，如果是大人做的，还会有趣吗？为什么会变得无趣？ （4）你的生活中有这样有趣的事情可以和我们分享吗？
“诗人怎样来写愁”	《雨夜呈长官》《秋浦歌十七首》（其十五）、《虞美人》	（1）说说这三首古诗表达的共同情感是什么？是用什么方法写出来的？ （2）你觉得哪一种写法最精彩 / 合适？ （3）如果让你写你自己的愁，你会把它比喻成什么？
“白居易眼中的江南”	《忆江南》三首	（1）这三首诗中能体现出白居易什么样的情感？哪句最能体现出来？ （2）诗人会“忆”什么？为什么？ （3）请你读一读白居易的生平，想想他为什么如此怀念江南。
“送别诗中的‘柳’”	《诗经·采薇》（节选）、《送元二使安西》《闺怨》《春夜洛城闻笛》	（1）古人送别为什么要折柳呢？请你大胆猜一猜。 （2）这组诗中都出现了“柳”，但表达的情感是不同的，请你结合诗句说说不同之处。 （3）在古诗中，作者想要表达自己的感情往往借助一些景物来表达，这些景、物就叫做意象。这种意象你还在哪些古诗中见到过？

（续表）

“一起读叠字”	《杳杳寒山道》《古诗十九首·青青河畔草》（节选）、《诗经·采薇》（节选）、《敕勒歌》	（1）仔细瞧一瞧，这首诗有什么特别之处？ （2）自己有节奏地读读这些带叠字的诗，你喜欢这样的叠字吗？ （3）这些叠字有什么用处，你能发现吗？
“古诗中的‘孤’字”	《送梁六自洞庭山》《江雪》《送孟浩然之广陵》《独坐敬亭山》	（1）在这些诗中描写的事物前都有一个“孤”字，能说说你的理解吗？ （2）每个“孤”所表达的情感是相近的，但所处的情境却不一样，你能结合古诗想象一下诗人所处的情境吗？ （3）仔细分析我们就能够发现每首诗背后的“孤”的内涵不同，请结合古诗创作背景说说你的理解。

四、教学实践探索

依据前期的理论研究和课例分析，笔者立足高年段议题“陆游诗中的爱国”设计了一堂古诗群文阅读教学课，并进行了两次试教。教学设计、试教情况以及个人反思如下：

1. 教学设计及试教情况

（1）回顾《示儿》，导入新课

①围绕《示儿》展开提问，请学生说出诗人创作这首诗时的情况，并回忆对诗人的主要印象。（相机板书：陆游、爱国）

②肯定学生对诗人的印象，出示朱自清先生对陆游的一句评价：“过去的诗人中，也许仅有他（陆游）才配称为爱国诗人。”[8]请学生围绕这句话提出疑问，从而导入课程主要内容，引出议题“陆游诗中的爱国”。

【设计意图】从学生原有基础出发，在回顾已知的基础上提出新的问题。

【试教情况】由于《示儿》是上学期刚学习过的古诗，所以学生对其主要内容和背景都还记得很清晰。在读到朱自清先生的评价时，能够抓住“仅”字，结合以前学过的爱国诗提问。

（2）借助注释，读通新诗

①请同学们自己借助注释、读音读手中的古诗。要求：读准古诗，试着理

解每句诗的意思。

②请同学们根据自己的理解找一找，你觉得哪一句让你感受到了陆游爱国的情感？说说你的理由。

【设计意图】初读古诗，给学生熟悉文本的时间，并使学生能从某些诗句中直观感受到陆游的爱国。

【试教情况】学生都能够大致理解诗句的意思，并可以结合诗意找到能体会出陆游爱国情感的句子。但是在读诗方面还需要时间练习，有些难读的部分会容易出错或读得磕磕绊绊。

（3）给诗排序，挖掘不同

①出示四首诗创作时作者的年龄（不按照顺序），请学生根据自己的理解给四首古诗排序。

②把古诗按照顺序出示出来，请学生思考：从壮年陆游的爱国到老年陆游的爱国，你能不能看出什么变化？并试填空：壮年时的爱国是充满________的，中年时的爱国是充满________的，老年时的爱国是充满________的。这一环节将设置小组讨论，每组选择一个空，为其填上一两个词语。

③请学生结合刚才的回答，说说这三种不同阶段的爱国情感，哪一种最能打动你？并请学生带着这种不同的情感，读最能打动自己的一首诗。

【设计意图】这一环节是教学难点，其目的在于引导学生从年龄角度出发，探讨四首诗中爱国情感的不同之处，并结合学生对壮年、中年、老年的理解，明晰陆游为什么前后爱国情感会有这么大的变化。

【试教情况】学生能够感受到陆游前后爱国情感的不同，并能够说出前后的变化，也就是很容易总结出陆游壮年和老年爱国情感的不同。但是在理解“中年”的爱国情感时遇到了困难——学生会用“豪情”等词来形容中年时的爱国，只因片面地看到“白浪如山寄豪壮”中“豪壮”一词，却忽视了这句其实诗人是对过去的怀念，不是目前的状态。在引导学生认真阅读第二、三首诗后，部分学生能逐步理解此时的陆游其实是处在一种“郁闷”“不得志”的状态下的，与壮年时的豪壮截然相反。

（4）虚实结合，对比理解

①通过几个问题引导学生关注四首诗中虚写的部分，也就是不真实、实际

未发生的内容。

②请学生在四首诗中找“实”的内容，也就是陆游当时所处的真实情况是怎样的。

③请学生选择一首诗研读创作背景，并结合刚才提到的虚写的内容更深入地感受陆游的爱国情感。

④提问这种虚实结合的手法有什么作用？提示学生“对比”一词，发现表达效果。

【设计意图】关注陆游诗歌创作中使用的“虚实结合”的手法，体会在这种落差、对比中陆游难得的爱国情。

【试教情况】学生对虚实结合手法在此处的好处不能够直接领悟，需要提醒“对比”等关键词，才能有少数学生领悟到陆游处境的艰难和爱国的心切。

（5）关注情感，总结成词

这一环节是上一环节的延伸，在学生理解古诗内容和创作方法的基础上升华。教师将出示四个“___想”的空，引导学生分别为四首诗填上四个词：“梦想”“幻想”“痴想”“空想”。

【设计意图】这一环节既是前面学习内容的总结，也是对学生学习情况的检查。并希望学生能够感受从“痴想”到“空想”的落差感，更加理解陆游的无助、无奈。

【试教情况】对于前两个词，学生都能够填出来；在“痴想”上，采用出示词语让学生探讨为什么用这个词语的方法促进学生情感到达顶点；最后读出“死去元知万事空”，填出“空想”。

（6）回到《示儿》，情感升华

①请学生思考陆游爱国诗篇这么多，为什么教科书编者选择《示儿》作为我们的课文。

②带着多样的理解，齐读《示儿》，齐读朱自清的评价。

【设计意图】回归初始课堂，从教科书编者角度思考《示儿》的价值，实现了一种“1+X”的群文阅读教学形式。

【试教情况】学生对于教科书编者的意图有很多猜测，都有理有据。有的说是因为“陆游此时年龄最大，这是首在最特殊阶段写的诗”，有的说“这首诗所蕴含的情感是最丰富的，有最初的爱国，也有老时的悲哀”。我还听到了很多意想不到但颇有道理的答案。

2. 个人反思

这节课是在对古诗群文阅读教学深刻研究的基础上设计的，同时为了能够准确地把握陆游的形象以及陆游诗作的特点，笔者也阅读了大量关于陆游的研究内容。试教的过程总体来说很顺利，但是也存在一些问题。从群文阅读教学的角度来看，此节课能串联起陆游不同年龄阶段的诗作，针对组诗发问，的确引发了学生的思考，陆游爱国的形象也在学生心中更丰满了。但是在设计这种以原本学过的篇目为中心、扩展学习其他篇目的课程时，需要注意学生已经对原文本有了透彻的理解，要防止学生的理解仅停留于原文本，未能根据拓展文本做进一步延伸。这里需要教师适当“放低”原文本的地位，多在补充文本上花功夫，以保证群文中各文本都能发挥其最大用处。

三、小结

虽然目前古诗群文阅读教学仍处于探索阶段，群文阅读也只是语文教学的一种补充形式，但从部编版语文教材对古诗大规模的收录可以看出教材编写者和教学研究者对古诗积累量和古诗阅读能力的要求在逐步提高，在这种背景下，古诗群文阅读教学不失为一种值得采用的好方法。也正因为如此，为古诗群文阅读建立完善的评价体系，提出可行的评价措施，是可行的而且是很有必要的，这也可以作为古诗群文阅读教学以后的研究方向之一。

参考文献：

[1] 中华人民共和国教育部. 义务教育语文课程标准（2011年版）[S]. 北京：北京师范大学出版社，2012:8-13.

[2] 何黄海. 群文阅读：从表象到实质——兼谈“群文阅读”与“主题阅读”“单元整组教学”的区别 [J]. 小学语文，2011(10):10-12.

[3] 王朔，李爽. 群文阅读实践概述 [J]. 上海教育科研，2015(04):56-59.

[4][5] 朱光潜. 诗论 [M]. 北京：生活·读书·新知三联书店，2014:66.

[6] 范云程著，施秀华、梁文伟主编. 七曜书系：诗歌艺术讲座 [M]. 北京：团结出版社，2015:119.

[7] 林少华. 唐诗·宋词·元曲(典藏版)[M]. 桂林：漓江出版社. 2017:002.

[8] 朱自清. 外一种 诗言志辨：新诗杂话 [M]. 长春：吉林出版集团有限责任公司. 2016:39.

神话的群文教学实践

镇江市实验小学　庄伟

一、神话教学与群文阅读教学结合的尝试

（一）神话群文阅读教学中议题的确定

在群文阅读教学中，议题的选择合适与否直接影响了本节课的成败。因此，我们首先要确立议题是什么，然后围绕这个议题选择一组神话文本。神话，拥有丰富的想象和很强的故事情节，读起来通俗易懂，是很受青少年喜爱的一类文本。在神话教学中，关键是要引导学生感悟、领会神话文本中神奇的想象和充满魅力的语言。通常在神话文本中都会出现英雄形象，有着鲜明的个性，拥有高尚的道德情操，象征着正义，是一个民族精神文化的缩影。结合神话文本的特点来看，可以从以下几个方面确定议题：

1. 以神话中的形象确定议题

中国古代神话中神的形象众多，最为著名的便是上古十二正神，其中关于女娲的故事早已脍炙人口。《说文解字》中说女娲是古时候神圣的形象，《山海经》中女娲的形象最早出现于《大荒西经》，其记载上古十巫都是女娲的传人。在民间，女娲造人、女娲补天、女娲制笙等故事早已广为流传。教师可以以女娲这一神话形象为议题，选择多篇神话故事指导学生进行阅读并对比分析，感悟三篇文本分别如何描写女娲的形象，体现了女娲怎样的特点。《女娲补天》中通过对女娲捡彩石、炼石浆、杀乌龟并斩腿撑天、杀黑龙等动作描写，生动地塑造了一位勇敢、善良、乐于助人的女娲的形象。《女娲造人》中通过描写女娲如何造人的细节以及造人成功后女娲的表现和心情，表现出女娲异于普通人的能力以及超人的智慧，闪烁着母爱的光辉。《女娲制笙》发生在女娲造人之后，她亲手设计、制造了一种叫做“笙簧”的乐器，人们吹起笙簧，男女青年在乐声中尽情欢唱，两情相悦，人类便以此繁衍下来，成功塑造了一位充满智慧、心系人民、为民造

福的女娲形象。

这几篇文章大多学生曾经都有所了解，但是很少有学生会将它们放在一起进行阅读思考，通过教师的引导进行群文阅读，学生自主阅读、思考，对不同神话故事中的女娲形象进行分析对比，丰富对女娲形象的感知，体会神话语言和情节的魅力，提升学生的阅读兴趣。

2. 以神话的情节结构确定议题

神话有多种分类方式，一般来说会分为六大类：创世神话、始祖神话、再创神话、洪水神话、英雄神话和部落战争神话。每一类神话都有自己独特的情节结构，例如英雄神话的情节结构特征普遍表现为“人类面临困难——神挺身而出解决困难——神做出贡献”。教师可以以英雄神话的情节结构特征为议题，选择一组英雄神话，例如《夸父追日》《羿射九日》《女娲补天》，让学生进行自主阅读，按照英雄神话的典型结构特征进行分析，领悟英雄人物的特点，明确这一类神话的阅读方法，加强学生对于这一类型神话情节结构特征的理解和感悟，在一定程度上提升学生对于神话文本的理解和概括能力。

3. 以中西神话中共同的故事主题确定议题

神话故事情节奇特有趣，中西许多神话在讲述的故事主题上有相似之处，最为常见的有“创世造人”“洪水神话”“始祖神话”等。在课例“创世神话”中，蒋军晶老师以“世界是如何形成的”为议题，分别选取了中国、日本、蒙古等的神话故事，让学生进行阅读后分辨这是哪个国家的神话故事并说明理由；又以“各国创世神话有什么共同之处”为议题，选取了中国、印度、伊朗和罗马的神话故事让学生进行对比阅读，让学生找出各创世神话之间的相同点。在这一节课中，蒋老师围绕神话文本设计多个议题，充分运用比较的方法，让学生在自主阅读中体会到共同的神话故事主题——创世，因为地域、民族等差异会有不同的表达方式，学生在群文阅读中眼光变得敏锐，很大程度上能够有效提升学生的阅读技巧和阅读能力。

在以“洪水”为议题的中外神话之中，古代人民对于自然灾害的恐惧及人与自然的矛盾体现得淋漓尽致。中国《山海经·海内经》中记载的《大禹治水》人们耳熟能详，西方《圣经》中关于诺亚方舟的故事为人们熟知，古希腊洪水神话《皮拉和丢卡利翁》也以奇特的想象描写了滔滔洪水毁灭大地，人们面对滚滚洪水绝望地寻找救命的方法。三个不同文化背景的民族，在面对洪水时采取的方法也截然不同。教师以“洪水”为议题，组织中外神话故事，引导学生进行对比阅读，感受同一议题下中外神话的不同之处。

表 1

<table>
<tr><th>议题</th><th colspan="2">题目</th><th>篇目</th></tr>
<tr><td>形象</td><td colspan="2">同一神的不同形象特点</td><td>《女娲补天》《女娲造人》
《女娲制笙》</td></tr>
<tr><td>情节结构</td><td colspan="2">英雄神话的情节结构</td><td>《夸父追日》《羿射九日》
《女娲补天》</td></tr>
<tr><td rowspan="3">中西神话中共同故事主题</td><td rowspan="2">创世神话</td><td>世界是如何形成的</td><td>《诸神创世》《盘古开天地》
《淤能棋吕岛》</td></tr>
<tr><td>各国创世神话有什么共同之处</td><td>《盘古开天地》《始祖大梵天》
《巨人伊密尔》《阿胡拉·马慈达》</td></tr>
<tr><td colspan="2">洪水神话</td><td>《大禹治水》《诺亚方舟》
《皮拉和丢卡利翁》</td></tr>
</table>

（二）神话群文阅读教学中文本的组合

1. 充分利用教材，课内多篇组合

基础教育课程改革所提倡的教材观是“用教材”，群文阅读应承载这一教材观，教师应适时恰当地使用教材中的篇目。部编版小学语文教材在四年级上册专门列出了第四单元，选取了四篇神话故事，这是众多语文专家与一线教师的精心安排，有很大的教学价值。因此，教师在进行神话群文阅读教学中，应充分运用好这一单元的文章，例如，可以以“英雄神话”为议题进行群文阅读。

2. 立足课内，拓展课外，课内外多篇组合

群文阅读议题的一大特征便是开放性，刘大伟、蒋军晶提出三种群文阅读教学方法：“一篇带多篇、课内多篇和课外多篇”[1]，但由于小学语文部编版教材中收入的神话篇目数量远远不能满足教师进行群文阅读的要求，《山海经》《淮南子》《搜神记》等书中记载着丰富的神话传说，值得学生认真阅读。因此，教师可以选择课内的一篇文章和课外多篇优秀文本进行组合，或是课内选择多篇文

章并恰当组合课外的一篇文章，或是多篇课内和多篇课外进行组合。组合的模式是多样的，只要有利于学生的学习，将文章内容的作用和价值发挥至最大即可。例如，以部编版小学语文四年级上册中的《普罗米修斯》和选自《山海经》中的《刑天断首》《夸父逐日》进行组合，以“勇敢、自我牺牲的英雄之神”为议题，以一篇课内带多篇课外进行群文阅读，有利于学生更加强烈地感知神的高尚品德，激发学生阅读兴趣，促进学生阅读能力以及思维能力的提升。

（三）问题设计的研究

古语云：“学起于思，思源于疑。”一般来说，问题是教学篇目的重难点所在或是学生在学习中可能遇到的困难之处。教师通过向学生抛出问题，引发学生的思考，达到本节课的教学目标。问题，应注重其质量的高低，而不在于其数量的多少，一个高质量的问题，能激发学生学习兴趣，促进其思维能力的发展。

群文阅读教学中，学生在有限的时间内接触到多样的文本，如何引导学生在有限时间内进行高质量的思维活动至关重要。因此，教师必须根据群文阅读的文本设计问题，提出具有引导性的问题，激发学生的思考，达到教学目标。刘大伟、蒋军晶曾提出：群文阅读教学中很重要的推动力就是合理设计的问题。在神话群文阅读教学中，怎样的问题能够激发学生的思维活动，使课堂高效有趣？笔者认为应当做到以下几点：

1. 提问方式

（1）提解答域宽的问题

传统语文阅读教学存在着“答案固化”“思维一元化”的弊端，学生在学习中大多被要求无限赞同教参中提出的观点，失去了自己的想法。在神话教学中，传统课堂教师通常提出“这篇神话故事讲述了什么？其起因、经过、结果是什么？”“神话故事的主人公有怎样的性格特点？”等问题。问题提出后，看似让学生围绕问题进行思考和讨论，但最终教师一定会呈现出所谓的标准答案，让学生记在书本上。这样的教学方式，应对考试也许有其不可忽略的优势，但是，也在很大程度上抹杀了语言文字的魅力，抹杀了学生的思考力和创新力，不免呈现出太过功利化的“为教而教”。

群文阅读教学提倡提出“解答域宽”的问题，反对“唯一真理式”的课堂提问。在群文阅读教学的课堂中，不存在所谓的标准答案，学生根据教师提出的问题自主思考、讨论，大胆说出自己的观点和想法，只要依据文本言之有理即可。例如在以“洪水”为议题的神话中，教师可以提出“你对洪水的印象是什么？”“在你曾经所读过的文本中，有哪些描写过洪水的？是怎样描写的？”“神对洪水的态度是怎样的？”等问题，给学生充足的思考空间，锻炼学生的发散思维能力。在以“女娲”为议题的神话中，教师可以提出“你印象中的女娲是怎样的？”“通过本节课的学习，你对女娲有了哪些新的认识？”通过这类解答域宽的问题，不仅锻炼了学生的语言表达能力，而且开拓了学生的思维，提升了学生的阅读能力。

（2）提比较性的问题

比较阅读是阅读教学经常运用的策略之一。在群文阅读教学中，通过让学生阅读多篇文本，教师有意识地让学生将文本放在一起进行比较阅读，再针对文本的异同点对比发问。例如，在“创世神话”的课例中，教师可以提出“各国创世神话有什么异同之处？”，让学生在阅读中外几篇创世神话之后进行对比分析，从中发现异同。通过这样的问题设计，可以引导学生更深层次地理解文本的内容，提升学生对文本的整体感知能力和概括能力。

（3）提迁移性的问题

在教学中，学生已掌握的阅读策略要能够达到举一反三、融会贯通的效果。因此，教师在设计问题时要有意识地锻炼学生这一方面的能力，使学生能够灵活运用已学习的阅读方法。例如，在学习了神话故事《夸父追日》之后，教师让学生自主归纳该神话故事的情节结构特征，之后再让学生阅读《大禹治水》和《羿射九日》，让学生自主发现这两篇神话故事的情节结构特征是怎样的，和《夸父追日》是否一样，从而得出这类英雄神话的典型情节结构特征。通过这类迁移性问题的提出，学生更好地理解了该类神话的情节结构特征，有利于培养学生融会贯通的学习能力。

2. 呈现方式

群文阅读教学，教师常常会采用阅读单来进行问题设计。教师将本节课的多篇文章涉及的多个元素整合在一张阅读单上，例如需要探究的相同点和不同点，让学生在阅读后在阅读单上进行填写，有利于学生清晰地对文本进行分析和整合。通过这样的问题呈现方式，教师和学生都能更加清楚地对一组文本进行阅读分析，核心任务目标清楚，有利于更好地掌握文本，提高课堂教学效率。例如神话群文阅读教学的阅读单可以设计为：

表 2

篇目	相同点	不同点

（以“中外创世神话的异同”为议题）

二、神话教学与群文阅读教学实践探索

（一）教学设计及设计意图

根据前期的群文阅读理论和课例分析，笔者试上了一节神话的群文阅读实践课，教学对象为三年级的学生，议题为“英雄神话中的叙事结构特征”，所选文章为《夸父追日》《羿射九日》《女娲补天》《普罗米修斯》，教学设计及课堂反思如下：

环节一：畅所欲言，激趣导入

师：同学们，“英雄”这个词想必大家都不陌生，我们的生活中也有很多英雄人物。（ppt 出示火警图片）这是消防员叔叔，他们在灭火救人，舍生忘死，他们可以被称为英雄。（ppt 出示雷锋）这是雷锋叔叔，他在自己短暂的一生中助人无数，最终献出了自己宝贵的生命，他也是英雄。在神话故事中，也有许许多多的英雄形象，老师今天也带来了几位“英雄之神”的图片，请同学们猜猜他们分别是谁，并且请大家选出一位你最喜欢的“英雄之神”说出理由。（ppt 出示夸父、后羿、女娲和普罗米修斯的图片）

生按图片顺序齐答英雄的名称。

生 1：我最喜欢女娲娘娘，因为她创造了人类，没有她就没有今天的我们，我觉得她十分伟大。

生 2：我最喜欢后羿，因为他射下了太阳，否则我们现在都被十个烈日酷晒，忍受痛苦，无法正常生活。

生 3：我最喜欢普罗米修斯，因为他不畏强权，很勇猛，我以后也要成为像

他一样的人。

师：前面几位同学都分享得很好，都表达了对自己喜爱的英雄之神的敬佩和尊敬之情。那没有同学喜欢夸父吗？老师想绝大部分同学都知道夸父追日的故事，夸父为了百姓敢追太阳，他难道没有独特的魅力吗？

生：老师，我最喜欢夸父，小时候妈妈给我讲过他追太阳的故事，夸父为了追上太阳直到被渴死都不曾有过放弃的想法，我们在学习上也要有他这种锲而不舍的精神。

师：你分享得很棒！你还结合自身情况对这位英雄人物进行了分析，其实他们身上都有很多值得我们学习的品质，今天我们就来一起走进有关这些英雄之神的故事，感受英雄神话故事的独特魅力。

【设计意图】课堂开始以生活中学生们熟悉的英雄形象导入，激起同学们对“英雄”形象的敏感。接着，出示本节课涉及的神话中的英雄形象图片，给学生一个直观的感觉，再让学生根据自己对这些神的已有印象畅所欲言，提升学生的课堂参与度，教师也能了解学生目前对这些神的认知程度如何，为后续的教学工作打下基础。

环节二：借助阅读表单梳理神话情节

师：刚刚通过同学们的分享，老师发现同学们对这些神都有了一定的了解，下面请同学们拿出老师发的四篇神话故事，先快速浏览一下神话的名称，说说读完故事名称，你有什么疑惑吗？

生：老师，我好奇这些神为什么要做这些事情呢？比如女娲为什么要补天呢？

师：你是好奇为什么会发生这些事。还有同学有其他的疑问吗？

生：老师，我想知道女娲是怎样补天的。

师：就仅仅只是好奇女娲吗？其他神话故事中的神是怎么做的难道就不想知道了吗？那等会我们一起来揭秘。还有其他同学有问题吗？

师：难道就没有同学好奇故事的结局如何吗？他们要帮助的人都获救了吗？下面请同学们带着这三个问题，根据阅读清单的要求自主阅读这四篇神话故事并完成阅读清单上的表格，填写答案时注意在文本的基础上进行概括。

师：好，老师看同学们都完成得差不多了，先组内交流一下各自的答案，再选出你们小组最喜欢、最想和大家分享的一篇神话故事，等会儿和全班分享你们的阅读答案。

师：大家讨论得都很热烈呀！哪一小组愿意先派出一位代表来给我们讲一下他们组对最喜欢的神话故事交流后得出的答案。

表3

任务单			
篇目	为什么	怎样做	结果
《夸父追日》			
《羿射九日》			
《女娲补天》			
《普罗米修斯》			

生：我们组最喜欢的是《羿射九日》，“为什么”这一栏我们组填写的是：天空中有十个如火球一般的太阳，地面温度很高，人们几乎无法生活；“怎么做”这一栏我们组填写的是：后羿翻山过河再登山，拉弓射下九日；“结果”这一栏填写的是：后羿留下了最后一个太阳，人间重焕生机。

师：刚刚这组同学在回答“为什么”时提到“人类过得非常艰难”，这是不是后羿射日一个至关重要的原因呀，那文本中是如何描写人类很艰难的呢？哪一组同学来补充一下？

生：课文描写了禾苗、土地、江河以及沙石在骄阳下的状态，它们都失去了生机。

师：确实，大地是无法承受十个太阳带来的炎热的，人类的生活真是遇到了大麻烦，所以后羿凭借他自己的神勇射下了太阳，帮助了人类渡过困难。有同学想和我们分享一下其他故事的吗？

生：我们组想要分享的是《夸父追日》，他追日的原因是他想要追上太阳，把太阳搬到地面上来；夸父一直跑一直跑，喝光了黄河和渭河的水却还是很渴；最后夸父渴死了，但他的手杖掉在地上生了根，发了芽，抽出了枝，长成了桃树。

师：刚刚这组同学和我们分享了他们在读完《夸父追日》后得出的答案，同学们都认同他们填入表单中的答案吗？也喜欢《夸父追日》这个神话故事的组有没有不同意见的？

生：在“为什么”那一栏中我们组填写的答案是：夸父想把太阳带到大地上，让人们一天之中无时无刻都能拥有光明。

师：你们组定位非常准确。夸父认为现在的夜晚是黑漆漆的，没有亮光，他想解决这一困难，让人们能够永远拥有光明，所以他去追太阳了。虽然夸父最终渴死了，太阳没有能搬到地面来，但是他的手杖变成了桃树，帮助了后来追求光明的人，而且在追日的过程中夸父一直坚持不懈，他也是一位英雄对不对？通过刚刚两组同学的齐心合作，我们一起理清了《夸父追日》的故事，有哪组同学想来试一试《女娲补天》？

生：我们组认为女娲补天的原因是水神和火神发生了战斗，结果水神大败，为了发泄不满，他把用来撑天的大柱子撞断了，刹那间天崩地裂，滔滔的洪水汹涌澎湃，大地满目疮痍，野兽窜逃，世界大乱，人类惊慌失措、流离失所；女娲从各地捡来五种颜色的石头并炼石，将石头炼成了石浆，把天上的窟窿补好，还斩下了大乌龟的四条腿撑天，杀死黑龙震慑了其他的野兽，她用芦苇烧成的灰把喷涌洪水的缝隙堵住；最终天地恢复平静，人类获得新生。

师：刚刚这组同学用自己的语言结合表单的任务为我们讲述了女娲补天的故事，关键部分都有提到，尽显女娲的勇敢和智慧，真是一位“英雄之神”。这位同学读故事的认真仔细和对故事的概括能力也值得我们大家学习。三篇国内的英雄神话都有小组积极和我们讲述过了，剩下的这篇希腊神话《普罗米修斯》又有哪组同学愿意来尝试挑战一下。

生：我们组最喜欢《普罗米修斯》这篇神话故事，在“为什么”这一栏我们组填写的是：以前，人间没有火，黑夜中人们不曾拥有光亮，食物也无法烤熟，普罗米修斯看到了这种悲惨景象，冒着生命危险去天上盗火；在“怎样做”这一栏中我们组填写的是：他从喷射火焰的车轮上拿了一颗火星带到人间；结果是人类拥有了火，但他也因私自盗取火种这件事而被严厉惩罚。

师：你们组填写得很准确，普罗米修斯不忍人们遭受困境，以身犯险盗取火种帮助人类，但自己却长年累月被鹫鹰啄食肝脏，幸好最终得到大力士的帮助，才脱离险境，他是不是一位值得人们称赞的英雄啊！

【设计意图】在这一环节中，首先让学生读故事名称提问，对于学生提出的问题教师其实能猜出大概，既为后续教学做铺垫，也调动了学生的主动性。接着，根据学生的回答，教师进行补充，并引导学生根据下发的阅读任务单阅读神话故事，借助其梳理清楚故事的情节，这是本节课教学的基础，也是重点工作。在这一部分中，笔者没有给予学生过多指导，只是在学生填写任务单时进行巡视，了解填写情况，再让学生进行讨论交流，得出答案。最后，在学生汇报时，有意识地进行初步引导，让学生对每篇神话故事中遇到的困难、怎样解决、结局怎么样进行复述，对这种结构有一个初步的认知，在此过程中也略有涉及对神的形象的感悟。

环节三：了解英雄神话的典型情节结构

师：请同学们再次拿起刚刚填写完的阅读任务单，仔细观察，根据老师设置的任务单上的问题和你填写的答案，说说你有什么小发现？

生 1：我发现根据老师的任务单我们可以不看文本自己把这个故事说一说。

生 2：我发现老师设置的任务单上是按照故事的起因——经过——结果来设计的。

师：是啊，我们以前在学习其他体裁文本时，大多也是按照这样的结构来进行分析的。但是，这节课我们学习的是英雄神话故事，请同学们结合自己填写的答案再认真观察，看看你填写的四篇神话故事的答案有没有什么共通之处？你可不可以尝试着概括一下？

生：老师，我发现在“为什么”一栏中，我们填写的答案都有提到困难，《羿射九日》中是大地被十个太阳烤着，人们无法生存；《夸父追日》中是想要人类永远生活在光明中；《女娲补天》中是天地被毁，人们无法生存；《普罗米修斯》中是人间没有火，没有光明，只能吃生肉，生活在黑暗中。

师：这位同学观察得真仔细，概括能力也很好。是啊，起初都是有困难，老师再给你补充完整，是谁遇到了困难呢？对，是人类，请大家在“为什么”一列最下方写上：人类面临困难，这就是第一列的相通之处。好，刚刚这位同学给我们开了个好头，顺着他的思路，哪位同学能总结概括一下“怎么做”这一列？

生：都会出现一位神。

师：出现了神来干什么的？

生：他们都来帮助人类。

师：对，你概括得很好，每次人类面临困难时，都会有神挺身而出来帮助人类解决困难对不对，请同学把这句话写在“怎么办”一列最下方。现在还剩最后一列，哪位同学勇敢地来挑战一下？

生：结果都是困难都被解决了。

师：是啊，在神的帮助下问题大多数都迎刃而解，但请你再读一读《夸父追日》那一篇故事，夸父是想帮助人们解决有黑夜的问题，所以他去追太阳，但最终他追到太阳了吗？太阳有没有被搬到地面上来呢？没有对不对，所以，你说的这个结果有些片面，老师给个小提示，我们可以从神的角度来考虑这个问题。

生：结果是神都勇敢斗争，发挥自己的力量去帮助人类。

师：对，神都发挥了自身的力量想去解决困难，女娲努力补了天，普罗米修斯盗取了火种，后羿射下了九个太阳，夸父虽然没有追到太阳，但是他的手杖变成的桃树结出了桃子，为后来追求光明的人解渴，也鼓励人们勇往直前。所以，最终神都做出了一定的贡献对不对，这就是这一列的共同之处。请同学们把这句话写在最后一列的最下方。

师：通过我们刚刚的阅读分析，我们可以发现这类英雄神话故事有一个典型的情节结构特征，哪位同学能完整地把它的情节结构特征复述出来？

生：人类面临困难——神挺身而出解决困难——神做出贡献。

师：非常棒，请同学们带着我们刚刚得出的情节结构特征再去快速浏览这四篇英雄神话故事，看看是不是都符合这样的特征。

生：是的，都符合。

师：同学们，以后我们在阅读到英雄神话故事时，就可以用我们刚刚总结归纳出的情节结构特征进行分析，它可以帮助我们快速准确掌握神话故事的情节，这样我们就可以在有限的时间内阅读多篇神话文本。

【设计意图】在上一环节填写任务单的基础上，学生已经对神话的情节有所了解。这一环节中，教师有意识地引导学生纵向分析，发现阅读单填写的每一列情节中存在的共通之处，刚开始学生会结合具体例子进行分析，无法准确得出答案，教师耐心引导，让学生一步一步接近直至说出最终答案，有了第一列的范例，后面同学分析归纳起来就容易很多。在三列都分析结束之后，让学生完整复述出最终答案，加强学生的印象，再让学生回归到故事本身，验证得出的答案是否正确，进一步加强学生的理解，以便以后的运用。

环节四：创编故事

师：同学们，我们刚刚阅读了四篇英雄神话故事，了解了这一类故事的典型结构特征是“人类面临困难——神挺身而出解决困难——神做出贡献”，同学们有没有摩拳擦掌、跃跃欲试，想要一展身手，自己创编一篇有着这种典型结构的英雄神话故事呢？

师：相信同学们都有充足的想象力完成这样一篇故事的编写，在这里，老师给同学们创设好了故事的开头：在很久很久以前，洪水肆虐，滚滚泥石流夺走了很多人的生命，大地一片泥泞，荒芜不堪。这日，天上一位仙子恰巧看到了人间凄惨的状态，下定决心要帮助人间恢复生机，让百花重新开放……请同学们开动小脑筋，大胆发挥自己的想象力，将此神话故事续写完整，注意故事的完整性，写好后可以小组间先进行交流，和你的小伙伴们讲述你的神话故事。（小组自由讨论，师相机指导）

师：好，老师看到绝大多数小组都分享得非常好，哪一组愿意把他们组认为最出彩的故事讲述给全班同学听一听呢？

生：这位仙子回到天庭后，悄悄回到了百花园，在花园里摘取了精心培育的各类鲜花，又潜入了王母娘娘的蟠桃园，挑选了一棵长得最枝繁叶茂的桃花树，折下了几株花枝，和刚刚挑选的鲜花一起带入了人间。这位仙子耗尽了大半生的法力击退了洪水和泥石流，她挪开了石头，修平了道路，选取了土地较肥沃的几块地方将鲜花和桃枝都种了下去。只见她站在云端，飘逸的衣袖轻轻一挥，花朵全都盛开了，遍地都开满了颜色娇艳的鲜花，桃树也枝繁叶茂，大地又恢复了往日的美丽。人们纷纷自发跪拜这位仙子，真诚地感谢她的恩情。仙子看到人间鲜花盛开，五彩缤纷，满意地笑了笑，凭借着仅剩的微弱法力跌跌撞撞回到了天宫。谁知她才刚刚到达宫门前，便被王母娘娘身边的侍卫押送带走了。原来，今日王母娘娘兴致大发，邀请一众仙人前去百花园赏花，过后再去蟠桃园吃桃子，谁承想刚迈入百花园，便看见她昔日最喜爱的牡丹被折损得仅剩下一朵，奄奄一息，其他花也不如往日美丽。王母娘娘大发雷霆，速速派人前去捉拿百花仙子来问话。仙子将所有的责任都揽在自己身上，只祈求王母娘娘能大发善心，饶过人间百姓。最终，仙子被除去仙籍，贬为凡人，历经人生各种苦楚才得以轮回，而她誓死保护的人间一派欣欣向荣，人们都过上了幸福安康的生活。

师：老师都被这个故事打动了，仙子的奉献、勇敢可真称得上是一位伟大的英雄啊。同学们认为这个故事怎么样？有没有体现出我们刚刚归纳出的英雄神话的典型情节？

生：有，刚开始人类遇到洪水、泥石流等困难，人间十分萧瑟，仙子挺身而出，偷花、耗费仙力，最终仙子被贬下凡，但她也为人间做出了很大贡献，帮助人间重现生机，人们生生世世都会记住她。

师：看来大家听得都很认真，分析得很好。课后，请组与组之间互相交流分享各自编写的神话故事，相互进行点评。今天这节课就上到这，下课。

【设计意图】这一环节是这节课较为精彩和高潮的部分。三年级的学生充满了想象力，在读完四篇英雄神话，分析出典型的情节结构特征之后，巩固的最好办法就是让学生自己创编英雄神话，加强学生对该结构特征的掌握和实际运用能力。为了降低学生的困难，防止出现学生在有限的时间内不知道写什么的情况，教师给出了神的形象，设定好了困难的情境，学生只需进行续写，教师在学生创作的过程中进行巡视，在学生交流讨论中相机给予指导，充分调动学生创作的热情。最后，选取了一组进行展示，让其他同学进行点评，再次巩固了本节课的教学目标。但是，由于课堂时间有限，只选取了一组展示，预设中 2~3 组的效果应该是最佳的。

（二）个人反思

本节课是在对神话群文阅读教学有一定研究的基础上设计的，为了使学生掌握英雄神话中的叙事结构特征，笔者阅读了中外英雄神话，从中发现其叙事结构的相似之处，并在结合学情的基础上思考如何运用群文阅读教学达到这一效果。试教的过程整体来看比较顺利，但依然存在一些问题。从群文阅读教学来看，本课涉及中外四篇英雄神话故事，从分析故事情节引导学生对中外英雄神话叙事结构的相同之处进行概括，最后还设计了以此叙事结构特征来创编故事的环节，加深学生对其的理解，使学生能够学以致用。但是，选取的神话篇目一部分学生早已耳熟能详，有一定的理解基础，因此学生很容易局限于自己的理解，很难将文本组合起来进行思考，做进一步的延伸。所以，在教学过程中，要有意识地培养学生群文阅读的方式，开拓思维，组合文本进行阅读。

参考文献：

[1] 刘大伟，蒋军晶. 群文阅读教学概念、价值及实践路径 [J]. 南京晓庄学院学报，2016(1):33-37.

童话的群文教学实践

无锡外国语学校　江楠楠

当今小学语文童话教学课堂，以单篇教学法为主，童话被用作识字、写字、句式、段落训练的材料，被教师概念化解读，忽略了童话的本体功能。于是笔者就做了一个大胆的设想：能否把童话教学和群文阅读教学相结合，探寻出一种新的童话教学模式？基于以上想法，笔者便选择本课题进行研究，希望能对当前的童话教学课堂有所帮助。

一、童话阅读教学与群文阅读教学结合研究

（一）议题的提出

群文阅读中文章与文章之间是有联系的，它们是根据某一个议题组合在一起的[1]。我们在进行童话教学时，首先要确定议题，继而围绕这个议题选择一组童话。童话跟一般文学作品一样，具有很多特质。首先，它所刻画的形象是丰富多彩的：超自然的、拟人的等等。其次，童话的呈现方式也是多种多样的，有反复法、对比法、历险奇遇法等等。此外，谈及童话，我们就会想到一些著名的童话作家及其作品，而这些作品的阅读价值也极高，比如“国际童话之父”安徒生、中国著名作家叶圣陶和“童话大王”郑渊洁、日本童话作家新美南吉和小川未名等等，他们的作品极具张力且风格迥异，甚至是同一个作家的作品会出现几种不同的风格。据此，在进行童话的阅读教学时，我们可以选择以下几个议题：

1. 以童话形象为议题

童话刻画的形象丰富多彩，按照童话形象对童话进行分类，可将其分为超人体童话、拟人体童话、常人体童话。在教学《巨人的花园》这篇童话时，可以选取一组文章：超人体童话《长袜子皮皮》（瑞典）、拟人体童话《麦草、煤块和豆子》（德国）、常人体童话《皇帝的新衣》（丹麦）。这三篇文章来自不同国

家，作品中的童话形象也有各自不同的特点。通过这组文本的阅读，学生可以清楚了解童话的三大类童话形象及其艺术特点。

2. 以童话叙事结构为议题

童话的呈现方式有很多种，比如说有反复法、循环法、现实与幻想结合法、包孕法等。我们让孩子读一组童话，他们在比较中自然会有自己的发现。在课例"'反复结构'的童话"中，该老师选择了四篇文章：《小壁虎借尾巴》《渔夫和金鱼的故事》《小蝌蚪找妈妈》《七颗钻石》。老师在学生读完四篇文章之后，借助情节图让学生叙说故事情节。在这个过程中，学生通过自主阅读、比较分析可以发现这些故事中的表达方式有个共同的特点：故事中有三至四个情节大体上差不多。该老师相机指导：这样的故事，我们就叫它"反复结构"。

3. 以童话作家为议题

由于社会的变化、作者前后的经历不同，同一个作家的作品会产生不同的风格。在教学童话《卖火柴的小女孩》时，教师可以立足作家的不同写作风格，指导学生连续阅读作者安徒生的一组文章：《夜莺》《海的女儿》《她是一个废物》。《夜莺》是安徒生童话创作第一个阶段的代表性作品，这个时期的作品体现出乐观、振奋、对未来充满信心的精神；《海的女儿》是安徒生第二阶段的作品，感伤和忧愁是他这一阶段创作的主要特色；《她是一个废物》是安徒生第三个阶段的作品，在此时期的作品基调以哀戚、低沉代替了欢乐和明快，显示着"沉郁"的特色。学生自主阅读品悟这一组文章，感受作家安徒生在不同阶段笔下作品的风格。学生在学习的过程中会发现：作家可以尝试截然不同的风格。教师相机指导：作品的风格变化与作家本身经历有关。这样，既能加深学生对作品的理解，学生也能了解作家的不同表现风格。

议题	题目	篇目
形象	丰富的童话形象	《三袋麦子》（中国）、《巨人的花园》（日本）、《麦草、煤块和豆子》（德国）、《皇帝的新衣》（丹麦）
呈现方式	"反复结构"的童话	《小溪流的歌》《爱心树》《犟龟》《小猪慢慢》《小猴子下山》
作家	感受同一个作家的不同风格——安徒生	《卖火柴的小女孩》《夜莺》《她是一个废物》《海的女儿》

（二）问题设计的研究

群文阅读，一个很重要的价值取向就是提升学生的思考力，引领学生发展深度思考能力。笔者认为“问题的设计”是了解学生阅读情况和提升学生思考力关键的因素。学者刘大伟指出，问题设计是否具备合理性也是群文阅读教学能否得以成功开展的关键所在[2]。要想问题设计得合理，有以下三点要求：提出的问题，它的解答域要宽，不能狭窄；要立足于所有文章发问；利用阅读单巧妙地将问题呈现出来。群文阅读教学能够锻炼学生的思维能力，引领学生对文本走向深度的思考。而笔者认为提升思考力的一个重要的因素就是“问题设计”。

1. 提问方式

日本作家大江健三郎曾提及，老师在教学过程中，具备提问的能力是极其重要的。因为老师提出怎样的问题就决定了学生怎样去进行思考，所以教师需要示范性地提出能够鼓励孩子们深入阅读的问题。好的问题可以激发学生更强的思考动力和进一步的探索欲，从而使学生在这一学习的过程中，思维得到充分的启发与训练，有利于学生对文本的把控以及思维能力的发展。据此，对于提问的方式，笔者总结了以下几个方面的要求：

（1）提问解答域宽的问题

群文阅读提倡提“解答域宽”的问题，鼓励学生积极思考并且有依据地说出自己的想法与观点，反对“唯一真理式”的引导提问，从而锻炼学生的发散思维。比如，在童话“友情”这组群文下，就可以问“你对友情的理解是什么？”“朋友之间会一直友好相处不吵架吗？”这样的大问题；在对童话进行群文阅读时，学生初读文本之后，教师可以提问：“读了这组文章，你有什么感受？哪篇文章给你留下了最深刻的印象”此类的问题，答案不唯一。总之，在不脱离文本的大前提下，问题的设计宜“大”不宜“小”，要给学生充足的思考空间，此处的“大”指的就是“解答域要宽大”。

（2）对多篇文章共同发问

对多篇童话提问要立足于文章的异同点，可以将几篇文章看作一个整体，不要割裂开来。例如，我们把新美南吉的几篇作品放在一起，如《去年的树》《大鹅的故事》《猴子和武士》，可以发现这几篇作品的风格各不相同，有的伤感，有的有趣，有的悬疑、幽默，但我们可以问：“透过这些作品，我们发现他们的共同之处了吗？”（表现了“真、善、美”。）在此问题下学生就会关注到所有篇目，而不是狭隘地只把目光停留在单篇学习的层面上。这其实也是对学生概括能力、统整能力的锻炼。

2. 呈现方式

利用阅读单来呈现问题可以形成比较式的阅读，有利于学生对文本进行整合、梳理。例如在课例“‘反复结构’的童话”中，教师设计了情节结构图让学生默读故事进行填写，使学生通过直观的比较来发现文章共同的表达方式。通过一张表格或者一张图表，学生能够更加清晰更加直观地对文本进行梳理，从而更好地掌握文本内容。同时以图表的形式呈现问题也有利于教师对核心内容的把控，避免提问过于冗杂、繁复，提高了课堂效率。常见的阅读单有以下几种：

篇目	风格

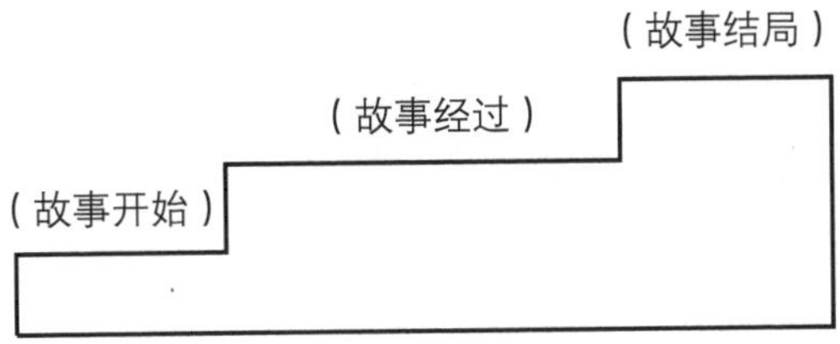

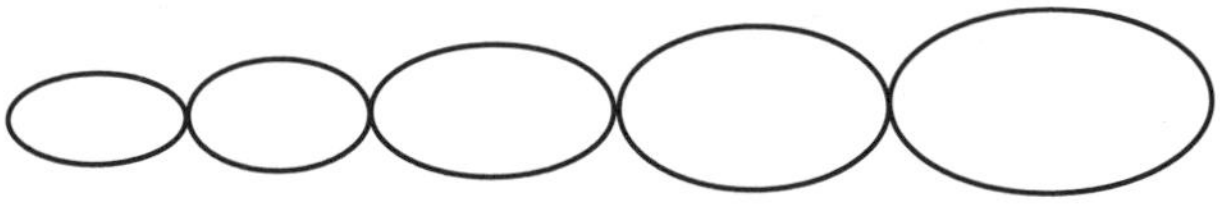

（以“感受同一个作家的不同风格为例”）

（三）课例呈现

据上，笔者上了一节童话的群文阅读实践课，教学对象为三年级的学生。过程如下：

1. 确定议题，选择文章

本节童话群文阅读课围绕“童话的叙事结构——反复法”这个议题展开师生

间的探讨与交流。所选文章有四篇：《小猪慢慢》《小溪流的歌》《犟龟》《爱心树》。

环节一：游戏导入，初谈感受

师：上课之前，我们先来玩一个小游戏。我来出示图片，大家来猜猜这些图片所对应的是哪个童话故事？（《卖火柴的小女孩》《木偶奇遇记》《海的女儿》《青蛙王子》）

师：通过这个游戏，我发现大家对童话故事特别感兴趣。今天这节课老师给大家带来了几篇童话故事。我们一起来看看吧。（发材料）

师：同学们读得非常认真，现在我们来交流一下，这么多故事中，你印象最深刻的是哪一个故事？

生：我喜欢《犟龟》，因为这个小龟意志十分坚定，不达目标决不言弃，我也要向它学习。

生：我对《小猪慢慢》这个故事的印象最深刻，从小猪身上，我学到了做事要及时，不能拖拉。

生：我最喜欢《小溪流的歌》，因为我觉得小溪流特别顽强而又勇敢。

师：有人想说说《爱心树》这个故事吗？

生：我觉得《爱心树》这个故事有点哀伤，但是非常感人！

在这一部分教学中，通过“看图猜童话”的小游戏导入，学生的积极性很高，这也为笔者之后的教学建立了一个良好的氛围。在学生读完了几篇童话后，笔者顺势提问“你印象最深的是哪一个故事？”答案不唯一，学生各抒己见，课堂气氛很活跃。从学生的回答中，笔者也能初步了解学生对文本的一个认知程度。

2. 利用阅读单呈现问题

环节二：借助结构图梳理情节

师：看来啊大家都读懂了，接下来我们来试着梳理一下这些故事的情节。比如，咱们先来看第一个小故事《小猪慢慢》，请你们借助下面的情节图理一下这个故事的情节。（指生回答）

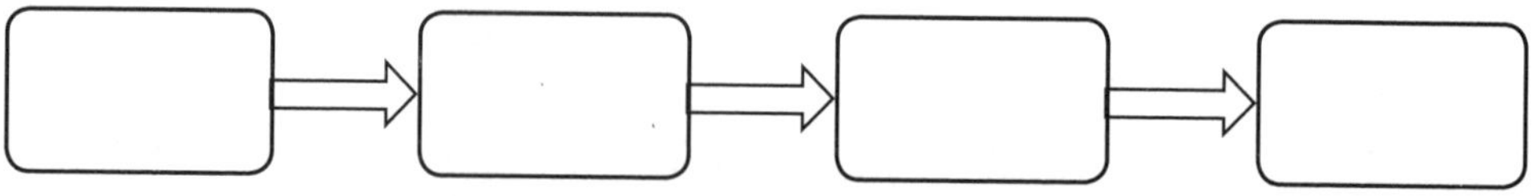

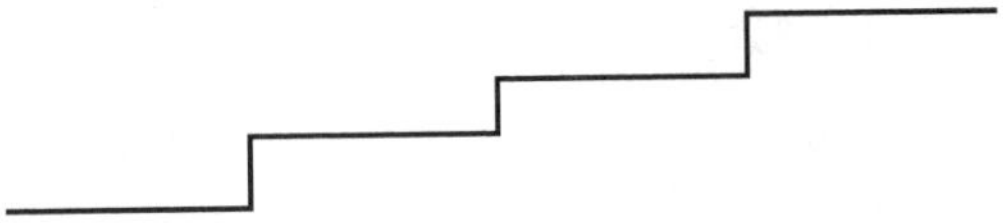

师：说得真好，咱们利用这样的情节图来梳理故事，是不是一目了然啊？下面请同学们学习这种方式尝试给其他三个故事也梳理一下情节。

师：理得差不多了吧？请每个小组派个代表来把你们梳理的情节图给大家展示一下。

生：我理的是《犟龟》这个故事的情节：小龟去参加狮王的婚礼，其间遇到了很多困难。首先是蜘蛛嘲笑他爬的太慢，接下来蜗牛又告诉他方向走反了，紧接着壁虎告诉他狮王的婚礼暂时取消了，最后乌鸦告诉他狮王已经死了。

生：我汇报的是《小溪流的歌》的情节：小溪流在奔流的途中，遇到了枯草、乌鸦、泥沙、沉船，他们都劝小溪流休息。小溪流十分坚定地回答他们："不能停留。"最终小溪流变成了小河最后又汇入了海洋。

生：我梳理的是《爱心树》的情节：男孩爬大树，大树让男孩吃苹果，并让男孩把自己的苹果摘下去换钱。过了很久，男孩来看大树，并跟大树诉说了自己要盖房子的想法，大树就让男孩将自己的树枝砍下来作为建造材料。之后又过了很长时间，男孩来看大树，大树让男孩把自己的树干砍断用来做船。之后男孩又来了，但大树给不了男孩东西了，就让男孩坐在老树墩上休息。

在这一部分教学中，学生借助情节图自主梳理故事情节。这一环节的设置，笔者旨在让学生通过这一直观的结构图，快速地掌握故事脉络，同时也为下面的教学奠定基础。这一部分的开始，笔者没有给予过多的指导，所以学生起初在梳理情节时不知如何下手。在笔者给出一些指导过后，学生便能很快地进入状态并完成任务。

3. 巧设问题

环节三：了解"反复结构"

师：同学们，看着这几张结构图，你有什么小发现？

生：我发现故事里的一个个情节大体上差不多。

生：这几个故事里都有三至四个情节。

师：同学们说得真好！这些故事里都有三四个差不多的情节。比如说，《小猪慢慢》这个故事三次都是先说小猪要做的事情后写小猪的回答。反复的情节多次出现，写法相同，结构相近，我们就叫它为“反复结构”。想一想，你以前读过的故事中，哪些也是反复结构的？

生：《小蝌蚪找妈妈》

生：《白雪公主》

生：《渔夫和金鱼的故事》（简单讲述情节）

通过上一环节的“借助结构图梳理情节”，我让学生观察梳理出来的结构图并相机提问“你有什么发现”。学生通过观察直观的情节图，能很快地发现这几篇童话共同的叙述特点：情节反复。笔者适时引导“反复的情节多次出现，写法相同，结构相近，我们就叫它为‘反复结构’”。在此基础上，笔者让学生回忆“以前读过的故事中，哪些也是‘反复结构’”。这个问题的设置能很好地反映学生对“反复结构”的这一叙事特点的掌握度。在这一部分的教学环节中，通过设计一些“解答域”宽的问题并立足于四篇故事的共同点，一步步地引导学生自主发现几篇故事结构的相似点，学生的思维很活跃，学习积极性也很高。

环节四：了解“并列式反复”“递进式反复”

师：我们再回过来看看这几个故事，故事的情节可以前后调换吗？

生：我觉得《小猪慢慢》的情节可以调换，因为小猪无论先跟谁对话，都不影响这个故事。

生：我也同意，反正不管问谁，小猪的答案都是一样的。

师：像这样可以任意调换位置，反复的情节互不影响的，我们叫它“并列结构”。那么其他几篇也可以调整顺序吗？

生：《犟龟》的情节，它的顺序不能调换，因为小龟一路上遇到的困难一个比一个艰难，程度上是不一样的，如果顺序调换，就体现不出来了。

生：《爱心树》的情节顺序也不能换，因为它四次的情节包含的意思和情感是渐进的。

师：没错，这些故事里的反复情节所写的事物有变化，表达的感情和意思是逐渐加深的，不能随意调换位置。像这样的，我们叫它“递进结构”。

在学生掌握了童话“反复结构”概念的基础上，通过设置“故事情节能否调换顺序”这一问题，引导学生深入分析故事各情节之间的联系相关程度。学生在回答时，虽然表达得有点口语化，但是他们能把大体的意思表达出来。根据他们的回答，笔者相机指导“并列结构”和“递进结构”的区别。这一部分，是本堂教学的难点。但根据学生的课堂反馈，学生其实也是能达到这一要求的。

环节五：创编故事

师：同学们，刚才我们阅读了四篇反复结构的童话故事，初步了解了这类故事的叙事特点，现在让我们开动小脑筋，咱们也来试试创编一个反复结构的童话故事。

师：老师给你们一个故事的开头：森林中住着兔子一家，兔子慢慢长大，妈妈对他说：“孩子，你该出去学些本领了！”……请同学们充分发挥自己的想象力，以小组开展交流合作。注意，故事的开头和结尾要有合理性哦。（小组内自由讨论）

师：好，哪一组先来给我们讲故事？

生：我们组故事的题目是“小兔学本领”。森林中住着兔子一家，兔子慢慢长大，妈妈对他说：“孩子，你该出去学些本领了！”小兔听后，觉得妈妈说得很有道理便跑着出了门。小兔沿路跑到了河边，他看见一条小鱼在河里恣意地游泳。他笑着对小鱼说道：“你能教我游泳吗？”小鱼欣然答应了，邀请小兔下来。可小兔前脚刚踏入水里，便浑身打了一个哆嗦，小兔无奈离开了河边。小兔跳啊跳，看见一只猴子在树上吃香蕉，他觉得很有意思，就对小猴说道：“小猴，你是怎么上去的？可以教教我吗？”小猴从树上下来，示范给小兔看。可小兔总是扒不住树，掉了下来，小兔无奈离开了大树。小兔跳啊跳，又来到了田里。他看见小牛正在耕地，于是上前问道：“牛叔叔，你能教我耕地吗？”小牛卸下绳子，让小兔尝试。可小兔就算用了所有的力气也拉不动半步。小兔无奈离开了田里。渐渐地，天快黑了，小兔想着自己一样本领都没学到，正在他垂头丧气的时候，小羊找到了他。原来一年一届的动物运动会要到了，小羊是来向小兔请教跳远的技巧的！小兔这才意识到原来自己也是有厉害的本领的。

师：你们觉得这个故事怎么样？（生评、师评）

师：请你们这组自己来说说，这个故事用了哪一种反复啊？

生：我们这个故事用的是并列式的反复。

师：很好，那有没有小组编的故事是递进式的反复啊？

生：森林中住着兔子一家，兔子慢慢长大，妈妈对他说：“孩子，你该出去学些本领了！”听了妈妈的话后，兔子跑到田里向爸爸寻求帮助，爸爸指着手里刚拔下的胡萝卜，说：“那咱们先从最简单的拔萝卜学起吧。”小兔抻了抻小腿，准备大干一场。好不容易拔了一颗，小兔嘟囔着嘴说：“这个好累啊，需要用蛮力，我才不学呢。”说完又跑回了家。小兔回屋后发现母亲正在打扫卫生，嚷着要妈妈教他做家务。妈妈说：“这可比拔萝卜难多了，你得做好思想准备啊。”小兔不以为然，学着妈妈的样子收拾了起来，可还没坚持几分钟，小兔又放弃了，“这也太耗时间了，腰都酸了，我才不学呢。”走出了家门，小兔又来到了兔哥哥的店里，兔哥哥正好在吆喝卖萝卜。小兔看了之后觉得很有意思，便央求兔哥哥教他。“这吆喝是很难的哦，首先声音要大，其次还要讲究技巧。”兔哥哥给小兔示范了好几遍，小兔这才记清楚。十分钟过去了，小兔非但没卖出一根萝卜，自己的嗓子也喊哑了。小兔扯着嗓子对兔哥哥说：“哥哥，这也太难了，我嗓子都哑了，我可不要学了。”说完，便黯然地走开了。一天下来，小兔什么本领也没有学到。

师：这个故事和之前一组的结局各不相同，反复结构也不同。你们听出来了吗？

生：小兔第一次学最简单的拔萝卜放弃了，第二次学打扫家务觉得难也放弃了，第三次学吆喝卖萝卜觉得太难也放弃了。这几件事情的难度都不一样。

师：同学们听得很认真。老师给大家布置了一个小练习：请同学们课后把你们所创编的故事用结构图画出来。今天这节课咱们就先上到这儿，下课。

这一环节是本堂课的精彩部分——创编故事。在学生了解了反复结构以及“并列结构”和“递进结构”的区别之后，笔者给出一个故事的开头，让学生进行续写，要求用到“反复结构”。这个任务旨在了解学生对本堂教学内容的掌握程度以及实践运用能力。由于时间关系，笔者将学生分为四大组，以小组合作的形式进行故事的创编，集思广益。过程中，笔者到组内巡视，学生的创作精神十分高涨，不多久，就有学生举手进行汇报。笔者请了两组学生的代表上台汇报，一组采用的是“并列式的反复结构”，另一组采用的是“递进式的反复结构”。两组创编的故事结构不同，结局也不同，非常有代表性。在本节课的结尾，笔者布置了一个作业：要求学生将创编的故事用情节图画出来。整堂课的完成度还是挺高的，学生的积极性以及课堂反馈也不错。但由于时间有限，笔者未能让更多的学生进行汇报，这也是笔者在以后课堂教学中所要改进的。

二、小结

本文通过对群文阅读教学和童话教学的相关研究，发现群文阅读教学很好地弥补了当今童话课堂教学的弊端。二者结合，将群文阅读教学渗透到童话教学之中，童话的本体功能落到了实处 。学生在老师的引领下，自主阅读一组童话并在课堂上进行交流。在这个过程中，学生通过自己的阅读来感受童话的意蕴，并就议题提出自己的观点和想法。童话不再被概念化地解读，学生的思维能力和审美情趣也得到了提高。笔者希望众多一线老师能关注并利用群文阅读教学的价值，完善童话教学的模式。

此外，在这笔者想补充一点说明：传统阅读教学虽然存在一些不足之处，但是它仍是主流教学模式，不会被群文阅读教学完全取代。群文阅读教学只是一种辅助教学方式，它的存在，是为了弥补传统课堂教学的不足，以期完善当下的课堂教学模式。笔者相信，如若能将童话教学与群文阅读教学相结合，无论是对学生，还是对一线教师，都会有很大的帮助。

参考文献：

[1] 刘大伟，蒋军晶．群文阅读教学概念、价值及实践路径[J]．南京晓庄学院学报，2016(1):33-37.

[2] 刘大伟．群文阅读教学的三个问题[J]．教学与管理，2016(31):39-41.

记叙文的群文教学实践

淮阴师范学院第一附属小学　严慧

一、记叙文阅读教学与群文阅读教学的结合

1. 议题的确定

议题是串联群文的线索，是确定群文阅读的文章的关键抓手，牵一发而动全身，一个合适的议题能让复杂的内容变得简单，纷繁的问题变得明晰。因此在进行记叙文群文阅读教学时，确定议题是最为关键的一步。因此，笔者从以下几个方面来确定记叙文群文阅读教学的议题：

（1）以记叙文主题为议题

记叙文通常是通过记叙人、事、景、物的情态及其发展过程，用以传递某种主题或者抒发作者某种情感。无论是写人记事还是写景状物，最终都是在为一个"情"字服务，情的背后，就是文章的主题。某种意义上来说，记叙文的主题就是这篇文章的灵魂所在。

表 1

主题	选文
心系祖国	《徐悲鸿励志学画》《把我的心脏带回祖国》《一面五星红旗》《梅花魂》
直面挫折	《厄运打不垮的信念》《司马迁发愤写史记》《海伦凯勒》《诺贝尔》
发现的眼睛	《最佳路径》《苹果里的五角星》《世界上第一个听诊器》《剪枝的学问》
金色童年	《桂花雨》《我和祖父的园子》《赶海》《槐乡的孩子》
爱在身边	《姥姥的剪纸》《爱之链》《第一次抱母亲》《爱如茉莉》
勿忘国耻	《卢沟桥烽火》《鸦片战争》《南京大屠杀》《九一八事变》《木笛》

（2）以记叙文形象为议题

记叙文是一种叙事性较强的文体，多取材于生活，但又并非日常生活的简单再现。因此，记叙文常借助形象来抒发情感，这里的形象范围很广，包括人、物、景。

表 2

形象	选文
老师	《师恩难忘》《理想的风筝》《难忘的启蒙》《画杨桃》《新来的王老师》
母亲	《妈妈的账单》《慈母情深》《母爱是一根穿针线》
父亲	《你必须把这条鱼放掉》《父亲的菜园》《地震中的父与子》《通往广场的路不止一条》《落花生》
盲人	《番茄太阳》《触摸春天》《永生的眼睛》《鱼游到了纸上》

（3）以记叙文结构为议题

记叙文结构是文章主题的体现方式，其重要性不言而喻。结构精妙、布局得宜的文章，能迅速地抓住读者的视线，引导读者领会文章思想。“文似看山不喜平”，一篇好的记叙文，在内容的组织和编排形式上存在着很强的技巧性。

表 3

结构	选文
意外结局	《桥》《爱之链》《鱼游到了纸上》
一线串珠	《梅花魂》《落花生》《桂花雨》《桃花心木》
片段并列	《“超级球迷”邓小平》《我们家的“男子汉”》《冬天》《童年趣事》
对比映照	《争吵》《我不是最弱小的》《妈妈的账单》《母鸡》
设置悬念	《给予树》《礼物》《“精彩极了”与“糟糕透了”》《山谷中的谜底》

2. 文章的选择与呈现

（1）课内多篇

小学语文教材中记叙文数量众多，并且常常出自名家名篇，是众多专家学者与一线教师精心挑选编排，具有很高的价值。因此在进行文章的选择时，应充分利用好这些既有的文本资源，对教材内的记叙文进行优化重组，按照不同的议题分成不同的组合。

（2）以一篇带多篇

由于群文阅读议题的开放性，完全依靠课内的文章是不够的，也无法满足《课程标准》中对小学生阅读量的要求。因此，有必要选取一些课本之外的记叙文。这些文章可以来源于与课本配套的同步阅读，也可以来源于一些经典的文学作品。在进行这类文章的群文阅读时，应当以课本中的记叙文为范例，让学生从较为熟悉的文章入手，用课内的“一篇”带动课外的“多篇”，从而实现课内外文本的整合联动。

（3）课外多篇

在经过了前两个阶段后，学生的阅读能力已经有了一定的提升。此时，教师便可以将视野放宽，将文章的选择范围放到课外，难度适当增加，议题的选择也更为开放多元。

3. 问题的设计

群文阅读教学需要教师在教学过程中适时提出一些问题，科学有效的提问能够促进群文阅读教学效果的提升，有利于学生在阅读的过程中主动思考和发现问题。在问题设计上，应当注意以下几点：

（1）树立主问题意识

一节课上，老师会抛出多个问题以激发并且引导学生思考，但这些问题不是散乱无序的，而是需要教师精心设计安排的。教师应当具备“大问题”意识，用一个主问题来贯穿整节课，而这个主问题便是与议题关联最密切的问题。围绕主问题衍生出的一系列次问题，或由教师提出，或是学生在阅读过程中产生，学生带着这些问题，整合提取信息来寻找答案。问题让学生积极进行思考，而主问题则促进学生有方向性地思考，避免产生离题太远的无效思考，从而提升群文阅读的有效性。

（2）提问解答域宽

群文阅读旨在弥补传统阅读教学的缺失，反对教师逐字逐句的标准化解读。取而代之的是学生个性化的思考与独特的情感体验，将重心下移，把课堂真正还给学生。因此，群文阅读提倡教师提出的问题应当有着较宽的解答域，鼓励学生发散思维，而不是“一刀切”式的标准答案。每个学生都是独特的个体，他们在认知水平、生活经验等方面存在的不同必然会造成对同一个问题有着不同的思考与领悟。因此，教师应当多提一些包容性更强、解答范围更宽的问题，让学生能够各抒己见，畅所欲言。例如，在“四大吝啬鬼”这组文章中，向学生提问“这几个吝啬鬼里面谁最吝啬？你从哪看出来？”这个问题没有标准答案，目的在于使学生走进文本，深入感悟吝啬鬼形象，学生能结合相关文字说出自己的理由即可。

（3）预先设计阅读单

“凡事预则立，不预则废。”事先设计好阅读单，从心理学角度上看，它符合三大学习律中的“准备律”。学生在上课之前通过阅读单对所学内容提前了解，便更乐于主动积极地参与课堂学习讨论中。从理解文章内容角度上看，阅读单简洁提炼出要点，使学生对文章内容能有整体把握。在课堂进行过程中，阅读单上的问题也创设了良好的问题情境，以问促思，使得学生能够自觉主动地思考与探索，真正体现出以生为主的语文阅读课堂。

（4）立足多篇文章发问

群文阅读中的各篇文章不是孤立存在的，而是一个统一的整体。因此，提问时应当立足于多篇文章，根据学生的理解能力巧妙设计问题。其中，以比较性问题和综合性问题为宜。例如，在“真诚的心”这组文章中，教师提问“读了这组文章后，你体会到主人公都有哪些相同的品质呢”就属于一个综合性问题，学生需要在通读了这组文章后，迅速提炼出不同的主人公所具有的品质，再从这些品质中归纳出共性，从而体会到真诚守信带给读者的感动，感悟诚信的宝贵。而比较性问题可以借助阅读单，以表格的形式呈现，如“四大吝啬鬼”这组文章中将每篇文章中的吝啬鬼形象相同点与不同点分别罗列下来，使学生能直观地进行比较分析。

二、实践教学案例设计

1. 同主题

记叙文的主题是一篇文章的精髓，是文章作者情感的集中表达与抒发，换言之，就是作者最想对读者说的话。但是，由于学生是存在个性差异的独特个体，他们的生活经验、认知方式、情感态度和理解能力等方面都存在着区别，因而在对文章的主题理解上也会存在着偏差。所以，在进行单篇记叙文阅读教学时，如何让学生准确领会作者想要传达的主题是个关键问题。而群文阅读教学时，将几篇主题相同或相近的文章放在一起，学生便可以在这组文章的对比学习中，归纳出共性，从而对主题有较为准确深刻的把握。

【课例呈现】

议题：发现的眼睛

选文：《苹果里的五角星》《最佳路径》《世界上第一个听诊器》《剪枝的学问》

版块一：谈话导入，激发兴趣

1. 同学们，在我们的生活中，到处充满着发现，能说说你有哪些独特的发现吗？小组成员间相互讨论，等会请各组派一位代表来发言。

2. 同学们的发现也让老师大开了眼界！老师今天也为大家带来一组有关“发现”的文章，相信读完了这些文章之后，你会有自己的新收获。

版块二：分层推进，感悟体会

1. 共读一篇，提炼方法

（1）我们先来看第一篇《苹果里的五角星》。请同学们边读边思考：文章的主人公是谁？他的发现又是什么？可以在文中适当圈画标注。

预设：邻居家小男孩，苹果横着切里面藏着一颗五角星。

（2）这是个怎样的小男孩？结合文中相关语句谈谈你的感受。

预设：热心、天真、敢于实践、创新思维。

（3）主人公的发现给了你什么样的启示？

预设 1：我们要有打破常规的创造性思维。

预设 2：生活中不起眼的小事中也蕴藏着发现。

（4）看来呀，想要获得发现，需要突破固有的思维方式，打破常规，而不能循规蹈矩，不敢去尝试、创新。

2. 举一反三，自读课文

（1）生活中的发现还有很多。请翻到第二页的阅读材料，自由朗读这三篇文章，运用学第一篇文章时的方法，看看这些文章里的发现又是什么？

（2）在这几篇文章中，哪篇文章给你留下了最深刻的印象，为什么？

（学生结合课文中相关语句说出自己印象深刻的原因。）

（3）让人印象深刻的原因有很多，也许是因为题目有意思，也许是因为喜欢文章里的主人公，或许是因为对这个发现特别感兴趣。这一次，大家可以有选择性地读一读。请大家再回过头来看这三篇文章，选择你最感兴趣的一篇，仔细品读。并结合文章中的发现，谈谈你的收获与启示。

（4）学生交流讨论，分享自己的阅读感受。

预设：《最佳路径》：要有科学的思维方式，学会换个角度看待问题；

《世界上第一个听诊器》：要善于观察，勤于思考，敢于实践；

《剪枝的学问》：要留心生活，生活中处处有学问。

3. 对比阅读，总结提升

（1）刚刚我们又将这三篇文章细细读了一遍，再结合第一篇《苹果里的五角星》，说说它们有什么不一样的地方？又有什么相同的地方？

预设 1：讲的都与发现有关，但又是从不同角度来谈的发现。

预设 2：这些主人公都是细心观察、善于思考并且敢于尝试才有了这些发现，但这些主人公的身份不一样。

预设 3：这些发现都在我们身边，但是发生在不同的生活场景中。

（2）大家能发现这么多异同点，真是了不起。我们每个同学都能在阅读中获得独特的体验与感受，同时也能收获共识，阅读的意义正是体现在这里。现在请同学们自主完成课前发下的阅读学习单。

表 4

选文	主人公	发现	主题	启示	异同之处
《苹果里的五角星》					
《最佳路径》					
《世界上第一个听诊器》					
《剪枝的学问》					

版块三：统整梳理，把握文体

1. 下面老师想请同学们思考一个问题，这几篇文章在表达和内容上有什么共通点吗？

2. 是的，这些文章在表达上都是以叙述、描写为主，而且都是记叙一些真实的人和故事，其实，这种类型的文章就是记叙文，它是一种最为基础也最为常见的文体，我们在今后的学习中还会不断接触。这个共同点，也可以补充在我们的阅读单上。

3. 以后我们不仅要会读文章，更要会写。回忆刚刚最吸引你的那一篇，想想怎么能写好这种类型的文章呢？

预设：选材新颖、语言生动、故事吸引人、表达方式多样、主题鲜明……

（不设统一答案，学生能结合文本内容将观点表达清楚即可）

板块四：拓展延伸，迁移运用

1. 以“发现”为主题的记叙文我们之前也学了不少，谁还能再想一想？

预设 1：我想到了《金子》这篇课文，故事里的主人公从雨后的土地中发现了商机，最终获得了成功。这里的发现不仅源于他的观察和思考，更离不开他坚持不懈的精神。

预设 2:《奇怪的大石头》的主题也是发现，李四光不仅勤于思考、善于动脑，还有不懈求索的精神。

你们能迅速联想到学过的知识，指出了获得发现的另一种必备品质——坚持与执着。你看，这不也正是你们的新发现吗？

2. 生活中处处有发现，相信现在大家对“发现”有了更为全面、深刻的认识。希望通过这节课的学习，每个同学都能拥有一双“发现的眼睛”，成为一个生活中的发现者，好吗？

3. 课后，就请同学们仔细留心一下你的周围，找到属于你的新发现。并且仿照我们今天学的几篇文章，写一篇关于发现的记叙文，明天带到班上与全班同学交流分享。这节课就上到这里，下课。

2. 同形象

记叙文的形象是作者情思的载体，它的畛域很广，囊括人、事、物。其中，又以人物形象为主。同一种形象，由于表达的需要或作者意图的不同，人们对其解读也不尽相同。对于记叙文中人物形象的把握，应当包含三个层次：第一层，简要概括人物形象。这是初读文章后学生脑海中留下的第一印象所提炼而成；第二层，结合相关文字内容或事件分析人物形象，从而体会形象背后作者想传达的思想情感或道理启示。这需要学生在通读全文，对文章主旨有了较为准确的把握的基础上得出。第三层，对人物形象进行评价。这是高线目标，是文章主旨与学生世界观、人生观碰撞融合后的产物。这一层次需要学生在充分领会人物形象背后的意蕴的基础上，进行客观的价值判断，从而进一步完善自我的人生观与价值观。

【课例呈现】

议题：人物形象之老师

选文：《师恩难忘》《理想的风筝》《难忘的启蒙》《画杨桃》《新来的王老师》

版块一：谈话导入，回忆激趣

1. 同学们，回忆一下，从幼儿园到小学，我们一定接触过很多老师，谁来说一说让你印象最深的是哪位老师呢？

2. 今天我们就来阅读一组与“老师”有关的文章，看看这些作家笔下的老师都有什么样的特点。过去了这么多年，又是什么原因让作家们对老师始终印象深刻、难以忘怀呢？

版块二：初读课文，把握形象

1. 请同学们迅速默读这几篇文章，并在文中用“______”划出最能体现老师特点的相关语句。

2. 四人小组交流讨论，尝试用简洁的语言概括每篇文章中老师的特点，并完成阅读学习单上“人物特点”一栏。填好后，分别请每个小组派一位代表汇报你们组的讨论成果。

版块三：再读课文，分析形象

1. 请同学们观察学习单，结合文章内容思考：这五篇记叙文中的老师形象有什么共同点？

2. 迅速浏览这几篇文章，并读读你刚刚圈画的关键词句，思考作者各自用了什么方法写老师？

3. 这几篇文章中哪位老师让你印象最深刻？选择他最打动你的一处，在旁边写下你的感受。

4. 汇报交流，分享感受。

版块四：想象情境，言语训练

1. 如果现在你就是这其中一篇文章的作者，多年后，你又遇到了你的老师。此时此刻，你有什么话想对老师讲呢？（播放背景音乐）

2. 同学们的话语里充满了尊重、怀念与感激之情，说明你们也真正体会到作者想要表达的情感了。

3. 完善阅读学习单内容。

表 5

选文	主人公	发生事件	形象特点	表达情感	老师，我想对您说……
《师恩难忘》					
《理想的风筝》					
《难忘的启蒙》					
《画杨桃》					
《新来的王老师》					

3. 同结构

所谓结构，就是指一篇文章的谋篇布局。平铺直叙，看了开头便知结尾的文章，学生很难产生阅读期待，阅读的兴趣也大大降低。而出人意料的结局与学生惯有的思维方式悖行，这其中产生的落差便极大地激发了学生的阅读兴趣。与此同时，真正读懂文章的结局，有利于学生更深刻地理解文章内容，达到事半功倍的效果。

【课例呈现】

议题：意外的结局

选文：《桥》《爱之链》《鱼游到了纸上》

版块一：联系生活，谈话导入

1. 同学们，在日常生活中，你有没有遇到过和你预想得完全不一样或者出乎意料的事呢？你当时的感受是什么？（震惊、不可思议、意外）

2. 看来大家或多或少都有过这样的体验，觉得很意外、震惊甚至有点难以接受。那今天你们可得做好心理准备，我们将要学习的三篇文章，结局可能都会让你想不到。准备好了吗？

版块二：读开头，猜结局

1. 我们先来看第一篇《桥》。先看第一页，这一页读完，请在阅读单上写下你的猜想。

预设 1：老头沉稳果断，有正义感。

预设 2：临危不惧，不怕牺牲，有威信。

2. 现在我们再翻到第二页，看看故事的结局。你读懂了吗?

（老汉竟然是小伙子的父亲）

3. 读了这个结局，你有什么感受?

预设 1：我的心里更难过了，老汉真伟大。

预设 2：我更加感受到老汉的大公无私、舍己为人。

版块三：合作学习，对比归纳

1. 下面用同样的方法阅读另外两篇文章，完成阅读学习单。先写下你的猜想，再看真正的结局和你想的是不是一样。

2. 交流讨论，汇报自主学习成果。

3. 完成了阅读单，我们对三篇文章的内容也就有了大致的把握。仔细观察这张表格，你有什么发现?

预设 1：结局都出乎意料，让人想不到。

预设 2：结局都在最后才揭晓，让人恍然大悟。

预设 3：这样的结局都给人留下更深刻的印象，引人深思。

4. 知道了结局后，我们再回过头来看这三篇文章，出现这样的结果，有没有一定的道理呢? 是啊，细心的同学发现了，其实在前文中作者都给了我们一些暗示，以《桥》为例，我们一起来找一找。

预设 1：老汉从拥挤的人群中一下子看到年轻人，还知道他是党员，说明他们很熟悉。

预设 2：年轻人刚开始想先走被老汉拦下，但只剩他和老汉的时候，他却让老汉先走了，这不太符合常理。

预设 3：最后老汉也要让年轻人先走。

5. 同学们真是火眼金睛，下面用同样的方法，去另外两篇文章中找找作者留给我们的线索。

6. 所以最后出现这样的结局看似意外，其实是合理的，因为作者在前文埋下了很多伏笔。这就是既在意料之外，又在情理之中。我们以后在写作文的时候，也可以学着用这种结构来组织你的文章，能让文章更加引人入胜，更有深度。

版块四：拓展延伸，迁移运用

1. 其实这种结构在我们之前学的课文中也出现过几次，谁想到了？

2. 老师看大家都意犹未尽，其实除了巧妙的结局，记叙文还有其他结构，同样能起到引人入胜、启发读者思考的效果。希望同学们在以后阅读的过程中也要学会归纳总结，形成方法。

表 6

选文	问题	我的猜想	实际结果
《桥》	老汉是个怎样的人？		
《爱之链》	女店主的身份是？		
《鱼游到了纸上》	年轻人为什么能那么专注？		
异同点			

爱国题材课文的群文教学实践

南京市方兴小学　朱凡

一、爱国题材课文的议题选择

在群文阅读中文章和文章之间是有一定联系的，它们是根据某一个议题组合在一起的。我们在进行爱国主义题材课文教学时，首先要确定议题，继而围绕这个议题选择一组爱国主义题材课文。爱国主义题材课文并不拘泥于特定的文体，可以是记叙文，也可以是说明文，还可以是诗歌和书信，但爱国主义题材课文的内容主要是围绕着爱国主义这一题材，通过对祖国江山的赞美和对领袖人物的歌颂等表达对祖国的热爱之情。谈及祖国江山，我们首先会想到黄河和长江等等。谈及领袖人物，我们自然而然地便会想到我国著名的领袖人物：毛泽东、邓小平等。据此，在进行爱国主义题材课文的阅读教学时，我们可以选择以下几个议题：

（一）以爱国主义题材课文的主题为议题

爱国主义题材课文的主题丰富多样，能够以民族团结为主题，以反对侵略战争为主题，还能以振兴中华为主题。在以爱国主义题材课文的主题为议题时，我围绕着“各具特色的民族风情”这个议题，选择了《草原上的盛会》《欢乐的泼水节》《火把节》和《藏戏》这四篇文章。《草原上的盛会》一文是从蒙古族的盛会“那达慕”大会来介绍蒙古族，《欢乐的泼水节》一文是从傣族的泼水节这个角度来介绍傣族，《火把节》一文是围绕彝族的火把节对彝族来进行介绍，《藏戏》则是围绕着藏族的传统剧种藏戏来介绍藏族。著名的语文特级教师于永正老师曾提出阅读教学的目的就是为了写作。这四篇文章可以使学生直观地感受到如何阅读介绍不同民族风情的文章，抓准角度。并能够在此基础上学会用不同的角度来进行写作。另外，正确认识我国少数民族，不仅可以提高学生的知识水平，而且在一定程度上也可以提高学生的爱国主义教育水平。

（二）以爱国主义题材课文的形象为议题

爱国主义题材课文刻画的主要形象是领袖人物和典型英雄人物。在教学《要好好学字》这篇爱国主义题材课文时，可以根据文中刻画的主要人物形象来选择议题。因此，笔者选择的议题是“毛主席的峥嵘岁月”，选取的文章有以下三篇：《吃水不忘挖井人》《毛主席在花山》《青山处处埋忠骨》。这三篇文章的主要人物都是毛主席，且通过多件事例分别介绍了毛主席不同时期的人物风貌。通过这组文本的阅读，学生可以从多个方面对毛主席进行了解，教师也需引导学生不仅仅要正确看待人物的正面影响，同时也要保持辩证的态度看待人物的反面影响。由此，可以在课堂上开展一个小型辩论赛，让学生分小组进行辩论，培养学生的发散思维和逻辑思维，从而更好地帮助学生正确看待领袖人物和典型英雄人物，同时也避开了只看优点、不看缺点的片面眼光。这一环节也能让学生自主地充分参与到学习当中，自由阐述领袖人物和英雄人物的事迹，自主归纳人物的性格特点，有利于教师更好地进行爱国主义教育。

（三）以爱国主义题材课文的文体为议题

爱国主义题材课文的文体是不固定的，它可以是记叙文或说明文，还可以是诗歌等。在教学《西湖》这篇爱国主义题材课文时，以爱国主义题材课文的文体来选择议题。因此，笔者选择以记叙文中的写景为主，并确立议题是“在祖国风光里悟爱国情”，选取的一组文章有以下三篇：《富饶的西沙群岛 》《美丽的小兴安岭》《北大荒的秋天》。这三篇文章介绍了我国美丽的祖国风光：西沙群岛、小兴安岭和北大荒。四篇文章都是总分结构，从不同的角度对四个地方的景物进行了描写。教师可以通过对四篇文章进行比较，使学生直观地感受到如何进行阅读介绍祖国不同美丽风光的文章，抓准写景的角度，并能够在此基础上学会用不同的角度来进行写景。这样不仅可以锻炼学生的阅读能力，也可以为学生写作写景的能力带来提高，同时，再对多篇描写祖国风光的文章进行整合学习，能够更好地帮助教师引导学生进行爱国主义教育，激发学生对祖国大好河山的热爱以及爱国之情。

表 1　爱国主义题材课文议题分类表

议题	题目	篇目
主题	各具特色的民族风情	《草原上的盛会》 《欢乐的泼水节》 《火把节》 《藏戏》
形象	毛主席的峥嵘岁月	《要好好学字》 《吃水不忘挖井人》 《毛主席在花山》 《青山处处埋忠骨》
文体	在祖国风光里悟爱国情	《西湖》 《富饶的西沙群岛》 《美丽的小兴安岭》 《北大荒的秋天》

二、问题设计的研究

在群文阅读的教学中，问题的设计处于十分重要的地位。群文阅读教学之所以区别于单篇阅读教学，一部分是因为单篇阅读教学主要以单一的标准答案进行提问，以是非题为多，在回答问题时学生缺乏思考。而群文阅读教学中的问题设计重在表达出学生的内心想法，没有唯一的标准答案，能够在教学过程中锻炼学生的思维能力，提升学生的思考力。

对于群文阅读中的问题设计，笔者总结了以下两个方面的要求：

（一）提问解答域宽的问题

群文阅读提倡教师提“解答域宽”的问题。换句话说，就是提出的问题并无唯一的标准答案，从而促使学生敢于说出自己内心的真实想法，不畏答题。例如，在爱国主义题材课文“毛主席的峥嵘岁月”这组群文下，就可以问“你怎样看待毛主席这个人？”这样解答域宽的问题。在对爱国主义题材课文进行群文阅读时，教师可以在学生读完文章后提问：“读了这组文章，你有什么感受？你最喜欢哪篇文章？说一说你的理由。”此类问题，让学生尽情思考并享受回答问题的过程。总而言之，解答域宽的问题就是指在不脱离群文的前提下，问题的设计能充分发挥学生的思考，使学生勇于说出自己的奇思妙想。

（二）对多篇文章共同发问

群文阅读提倡教师对多篇文章共同发问。也就是指，在设计问题时，问题的对象应当是多篇文章，而不是拘泥于单篇，将群文阅读课变成单篇阅读课的拼凑。例如，在爱国主义题材课文“毛主席的峥嵘岁月”这组群文下，就可以问“这四篇文章分别是从哪些角度对毛主席进行描写的？”这样的问题。

三、课例呈现

据上，笔者试上了一节爱国主义题材课文的群文阅读实践课，教学对象为四年级的学生，经过了反复的教学实践和对教学设计的修改后进行课堂教学，记录如下：

（一）确定议题选择文章

本节爱国主义题材课文的群文阅读课围绕“各具特色的民族风情”这个议题展开师生间的讨论与交流。所选文章有四篇：《草原上的盛会》《欢乐的泼水节》《火把节》《藏戏》。

环节一：创设情景，激发兴趣

师：今天有几位小客人要来我们班里做客，他们来自我国西南边疆地区的一所民族小学。瞧，他们来啦……教室里走进了许多小学生，他们都穿着自己民族的服装，同学们知道他们分别来自哪些民族吗？（幻灯片展示）

生：傣族、藏族、维吾尔族……

师：大家的知识面可真广！有一首歌名字叫做《爱我中华》，大家听过吗？会唱的同学可以跟着老师一起唱：“五十六个星座……”那同学们知道我国有多少个民族吗？五十六个，同学们都知道。我国五十六个民族之间互相团结、友爱，汇聚成中华民族这个大家庭，所以，我们各个民族的小朋友们更要友好相处，团结互助。接下来呀，就让我们跟着少数民族的小客人们一起去了解了解他们的民族特色。（分发阅读材料）

在这一部分的教学中，笔者使用了创设情景的教学方法。运用了部编版小学语文教科书中《大青树下的小学》一课的情景，通过幻灯片展示的方式，将文中民族小学的小朋友们邀请来做客，请他们来给学生分享不同民族的特色风情，能够更好地激发学生的学习兴趣。由于四年级学生的年龄特征，注意力集中的时间有限，因此采用创设教学情境的方式，将学生带入到所设定的情景中，不仅能够吸引他们的注意力，同时也可以更好地发挥学生的主体地位。并设置与学生一同唱《爱我中华》，让学生在歌声中初步感受我国民族的多样和团结友爱，从而对学生更好地进行爱国主义教育。

（二）利用表格呈现问题

环节二：借助表格，梳理内容

表 2

课文	民族	风俗特色
《草原上的盛会》		
《欢乐的泼水节》		
《火把节》		
《藏戏》		

师：接下来请同学们快速地浏览这四篇文章，并借助老师发下去的表格梳理文章内容，完成表格的前两列。找一找，四篇文章分别讲了哪些民族、民俗和民风民情？

师：大家都完成得差不多了，谁来做第一个小勇士，告诉大家《草原上的盛会》一文主要讲了哪个民族和什么风俗特色呢？

生：蒙古族和“那达慕”大会。

师：回答问题的时候要把句子说完整。

生：《草原上的盛会》主要讲的民族是蒙古族，风俗特色是“那达慕”大会。

师：同学们，他找得准吗？非常准，你真会阅读，请坐。谁再来说一说《欢乐的泼水节》讲了哪个民族和什么风俗特色呢？

生：《欢乐的泼水节》主要讲的民族是傣族，风俗特色是泼水节。

师：非常棒，你的阅读能力也不赖！谁再来说一说《火把节》一文主要讲了哪个民族和什么风俗特色呢？

生：《火把节》主要讲的民族是彝族，风俗特色是火把节。

师：同学们都这么厉害，那最后一个我们大家一起来说一说。

生：《藏戏》主要讲的民族是藏族，风俗特色是藏戏。

在这一部分的教学中，学生借助阅读单上的表格快速梳理文章内容，清晰地归纳出四篇文章的主要内容，同时为下一部分的学习打好基础。通过表格可以更加直观地展现四个民族和与之相对应的民俗特色，让学生对四篇文章有初步的了解。在这一环节，笔者主要强调学生语言的规范，在回答问题时，用规范的语言和完整的句子来概括文章主要内容，这也是在教学过程中反复强调的问题。

（三）巧设问题

环节三：小组讨论，层层深入

师：同学们都能够精准地找到这四篇文章中所描写的民族以及他们的民俗特色。老师有一个问题想问问大家，你们读了这四篇文章后，最喜欢哪个民族和他们的民俗特色呢？接下来，请同学们进行小组讨论，说一说你最喜欢哪个民族以及他们的民俗特色，根据文章内容，说一说你的理由。

师：大家讨论得非常热烈，谁来说一说？

生：我最喜欢蒙古族，我想参加他们的“那达慕”大会。因为我非常喜欢骑马，在“那达慕”大会上，我可以参加骑马比赛，在千里草原上骑马奔驰。

师：你从哪句话看出来的呢？

生：“骑马是蒙古族同胞的拿手本领……精彩极了。”

师：你找得真准！还有谁也喜欢蒙古族？谁再来说一说？

生：我也喜欢蒙古族。我找的句子是“体育比赛中最受欢迎的是摔跤比赛……英雄。”因为我很喜欢观看摔跤比赛，摔跤手们在赛场上雄姿英发，让我十分羡慕和佩服，我也想试一试。

师：你也想试一试摔跤，非常有胆量！通过以上两位同学的介绍，谁来总结一下蒙古族的民风民情呢？

生：蒙古族的同胞们善于摔跤和骑马，并且他们非常的雄壮。

师：你总结的真好！谁再来说一说你最喜欢哪个民族呢？

生：我最喜欢傣族，我觉得泼水节很有趣。

师：你喜欢傣族的泼水节，那泼水节有趣在哪呢？请你读一读。

生："这一天，人们提着桶，端着盆……怎么能不高兴呢！"

师：你读得真好，老师能够听出来在泼水节的时候大家都非常高兴。但是，老师有个疑问，平时生活中我们无缘无故被泼了一身的水，大家的心情会怎么样？比如说，这位同学坐在这里认真地听着课，老师突然泼了你一身的水，你的心情会怎么样？

生：很生气、愤怒、不开心……

师：是啊，大家都会不开心。那为什么在泼水节这天，大家都很开心呢？

生：因为在泼水节那天清水是吉祥如意的象征，谁身上泼的水多，就意味着谁得到的幸福多，怎么能不高兴呢！

师：原来是这样！由此大家可以看出傣族人什么样的特点呢？

生：他们非常淳朴和热情。

师：是啊，他们把吉祥如意的水互相泼洒，把最真挚的祝福送给他人。老师也迫不及待地想去参加一下这欢乐的泼水节呢。还有谁再来说一说你最喜欢哪个民族呢？

生：我最喜欢彝族的火把节，我觉得彝族人十分热情。

师：请你来读一读，你是从哪看出来的？

生：文中多次出现了："来吧，到我们大凉山来吧……"

师：你真会阅读！让我们一起来读一读这三句话，读出彝族人的热情！

师：老师仿佛从你们的读书声中听出了彝族人的热情。还有哪位同学喜欢彝族的火把节呢？文章中描写了火把节的哪几个场面？

生：人们穿上节日盛装，准备节日饭菜，斗牛，摔跤，点燃火把，围着篝火跳舞。

师：你最喜欢哪一个场面呢？

生：我最喜欢围着篝火跳舞这一场面。

师：请你读一读，并说说你喜欢这一场面的理由。

生："老人来了，弹着平日积满灰尘的月琴……"我最喜欢这一场面，因为这段话作者通过排比的手法描绘出了人们围着篝火跳舞的美好场景，我真想和他们一起跳舞。

师：围着篝火跳舞真欢乐啊！还有谁来说一说你最喜欢哪个场面？读一读。

生：我最喜欢斗牛这个场面。我认为斗牛比赛十分精彩，我也想参加斗牛比赛，在牛背上划出美丽的弧线。

师：斗牛比赛可真精彩啊！谁还想说一说你最喜欢火把节的哪个场面？

生：我最喜欢点燃火把这一场面。“站在高处向下看……”人们的情绪高涨，真是太热闹啦！

师：彝族人的火把节真有意思！其实，藏族的藏戏也十分具有特色。有喜欢藏族藏戏的同学吗？藏戏有哪些特点呢？

生：戴着面具演出；演出时没有舞台；一部戏可以演出三五天还没有结束。

师：是啊，藏戏的特点就在文章的开头，作者就用问句的形式告诉了大家。文中还讲了一个关于藏戏的传奇，谁来给大家读一读？

师：你读出了藏戏的神奇。在领略了藏族的藏戏后，老师先给大家观看一个小短片，看一看视频中的藏戏和你们想象中的一样吗？

在这一段教学中，借助一系列的问题层层深入，学生们深入了解四个民族各具特色的民族风情。学生能够通过小组讨论自主思考交流，真正做到以学生为主体。笔者设计这一环节的主要目的就是为了让学生对四篇文章的内容有适当了解，不仅能够增进学生有关我国少数民族的知识，也能为下一环节的四篇文章进行比较做好铺垫。

环节四：多篇比较，领悟方法

师：目前为止，我们一同领略了蒙古族的“那达慕”大会，傣族的泼水节，彝族的火把节，还有藏族的藏戏。在这里老师有一个问题想问问大家？这四篇文章，作者分别是从哪些方面给我们介绍这些少数民族的呢？

生：作者介绍蒙古族是以介绍蒙古族的盛会“那达慕”大会为主的。分别给我们介绍了盛会的场地、体育比赛中的摔跤和骑马。

生：作者介绍傣族是以介绍傣族的重要节日泼水节为主的。介绍了泼水节那天，人们互相泼洒吉祥如意清水的一片欢乐景象。

生：作者介绍彝族是以介绍彝族的重要节日火把节为主的。介绍了火把节那天，人们穿上节日盛装，准备节日饭菜、斗牛、摔跤、点燃火把和围着篝火跳舞的美丽景象。

生：作者介绍藏族是以介绍藏族的传统剧种藏戏为主的。介绍了藏戏是戴着面具演出、演出时没有舞台和一部戏可以演出三五天还没有结束的特点，表现了藏戏独特的魅力。

师：同学们真会总结！由此我们可以知道，要想介绍一个民族，我们可以从哪些方面来介绍？

生：我们可以从这个民族的盛会、重要节日还有传统剧种来介绍。

师：很准确。除了这些，我们还可以从哪些方面来介绍一个民族呢？大家可以自由讨论一下。

生：我们可以从一个民族的特色小吃来介绍这个民族。

生：我们还可以从一个民族的独特服饰来介绍这个民族。

生：我们也可以从一个民族的建筑特色来介绍这个民族。

……

师：同学们的思维真活跃！找出了这么多的介绍方法来介绍我们国家的少数民族。

本段教学是本课的亮点。首先是对四篇文章介绍不同民族的角度进行比较并概括总结。接着是对其他角度的探究思考，让学生进行小组讨论，集思广益，自主探究出其他方法来介绍少数民族。这一段的设计是将四篇文章联系起来，让学生自主发现并进行探究，有利于学生开动脑筋，合作探究，践行了新课改自主、合作、探究的学习方式。

（四）总结升华

环节五：主题升华，课后探究

师：尽管我国五十六个民族之间有很大的差异，有文化差异，饮食差异等等，但是我们五十六个民族共同组成了同一个中国。民族之间互帮互助，在民族团结的路上肩并肩，手挽手，共同前进。也十分感谢少数民族的小朋友来我们班里做客，给我们介绍他们的民族特色。

师：所以呢，接下来，老师有一个小任务布置给大家。请大家在课后进行小组合作查阅资料，找一找我国还有哪些少数民族？并借助我们本课学习的介绍少数民族的方法写一篇小作文，字数不限。帮助少数民族的小客人们更好地宣传他们的民族。

师：在这节课的最后，让我们以最饱满的热情唱一唱《爱我中华》这首歌，不知道大家在学完了这节课后再唱这首歌，会不会有不一样的感觉呢？

在最后的总结中，教师对学生进行引导，弘扬民族团结的精神，升华主题，响应开头情景的少数民族小客人来做客。接着布置小任务，教学做合一，让学生在课后进行进一步的探究活动，更好地巩固学生所学习的阅读技巧并转而形成写作技巧。最后，教师学生齐唱《爱我中华》，更深一步凝聚学生的爱国情以及有助于教师更好地开展爱国主义教育。

低年级绘本的群文教学实践

常州市华润小学 徐明娟

“绘本，亦称图画书，是20世纪产生的图书品种，是在人类对儿童这种生命的认识更透彻以后诞生出来的书籍形式。与一般的‘小人书’、卡通图书或其他有图有字的儿童读物相比，绘本是以简练生动的语言和精致优美的绘画紧密搭配而构成的儿童文学作品，它对语言、绘画及二者的构成形式均有特定的规范和要求。”[1]还有学者认为“图画书是一种新兴而独特的儿童文学类型。它以图画和文字共同叙述一个完整的故事，是图文合奏的结果。在图画书中，图画是主体，具有语言叙述的功能，本身就承担着叙事抒情、表情达意的任务。”[2]

结合以上，笔者认为群绘本阅读教学的概念如下：

群绘本阅读教学是指在一定的单位时间内，围绕一个议题，选择多本（篇）绘本进行教与学的活动。群绘本教学有四个要素：单位时间、议题、多绘本以及教与学。

一、课堂上绘本教学的现状与误区

（一）教学方式上的现状与误区

1. 教师提问多于学生独立思考

教师教授绘本时习惯以许多小问题提问学生，学生根据绘本的内容来进行回答。教师一问，学生一答，学生课堂上独立思考的时间过少。绘本教学之所以区别于课堂教学中以范文为例的教学方式，是因为绘本本身是以图画为主、文字为辅的书籍，过多地强调绘本中写了什么偏离了绘本教学的本来意图。针对这种情况，我们来看某一位教师在教授《石头汤》时的课堂实录：

师：知道“布施”是什么意思吗？

生：“布施”就是把自己拥有的东西送给其他人。

师：在佛教中有种说法叫做“布施”，把金钱等物品布散施舍给其他人。真棒！孩子，你来读。

师：孩子们，读了刚才这段文字，你知道了什么？

生：我知道了他们想要一起寻找属于自己的幸福。

师：好的，请坐，还有其他小朋友知道了什么吗？

生：三个和尚是这本绘本中的主人公。

师：还有其他发现吗？

生：我还知道阿寿是最年长的，阿福是最年轻的人。

生：他们三个人的名字都是表示祝福的，都是以“阿”字开头，“福禄寿”是祝福语。

师：孩子们，你们观察得真仔细！谁再来说一说？

生：我知道了阿寿是最聪明的一个人。

师：是啊，阿寿在三个人中不仅年纪长，而且是最有智慧的，你观察的真仔细。

师：孩子们你们看，你们看到了怎样的村民？

生：这是一群经受了大苦难的村民。

师：那你想像一下，他们是怎样的心态呢？

生：他们十分冷漠，不轻易相信别人。

这位教师的课堂实录向我们展示了教师上《石头汤》时主要通过提问的方式来引导学生看绘本，教师在课堂上的提问牵引着学生的思维。我们发现教师在课堂上并没有给学生思考的时间，而是以问题串联，不利于学生的独立思考。

2. 注重文字的解读多于图画的欣赏

绘本与课文的区别在于绘本的图画更具有连贯性，在课堂教学中，教师过多注重学生的文字解读，忽略图本的解读。以下是某一位教师执教的《石头汤》的某一课堂片段：

师：下面让我们认识一下书中的几个村民。

这里有农夫、茶商、秀才、木匠、郎中、女裁缝，这些人的身份大不相同，孩子们，请你们仔细观察这些人物的动作和神情，你能从中感觉到什么？

生：他们非常小心，一直在提防其他人。

生：他们的脸上没有一丝微笑，让我感觉他们都不会笑。

生：我看到这个茶商，他把茶盖上盖子，非常害怕别人来拿他的东西，十分不相信别人。

师：你观察得真仔细，能抓住一个人物，从他的言行中有针对性地来谈自己的感受。

在这段课堂教学中，教师的意图在于介绍村民的冷漠，教师引导学生观察人物的动作和神态，忽略了人物的服饰和色彩的搭配，让学生自主观察，没有充分利用绘本图画的多样性这一特点。

（二）教学内容上的现状与误区

1. 教学主旨的单一

教师在教学绘本时通常教授学生统一的主旨，在《石头汤》中教师教学的目标在于让学生体会什么是幸福。只要团结一致，就能得到属于自己的幸福。这是这位教师对此绘本的解读。教师对绘本的解读是单一的，忽略了孩子本身对绘本的理解。如在某位老师执教的《逃家小兔》中：

师：小朋友们，你喜欢今天这个故事吗？你还看过哪些绘本书？上面的插图是什么样的？我们今天看到的书插图有什么不一样？黑白图表达了妈妈什么心情？彩图呢？

师：你们喜欢这个故事吗？在书中你们最喜欢里面的谁啊？结合图说说。

师：小朋友们，你们觉得《逃家小兔》告诉我们一个什么道理呢？

生：这本绘本告诉我们母爱真的很伟大。

师：亲爱的孩子们，你们就像这只小兔子一样，将来的一天，你就会长大，离开自己的家，但是无论你走得多远，都永远在妈妈的怀抱中。

在教师的引导下，学生理解了母爱的伟大，在此篇文章中讲到的“母爱”是一个十分宽泛的问题，每一位母亲表达母爱的方式也大不相同，孩子能够在这一本绘本中体会表达母爱的一种方式。此时低年级的孩子们生活经验不足，导致无法更全面地看待母爱，因此在教学的主旨上存在单一性，学生无法多角度看问题。

2. 教学目标的单一

教师设定的教学目标是教师本人对文本的解读，在课堂教学中，学生对于文本的解读更能体现学生需要什么。教师在教学设计的过程中以单一的目标来教学，没有充分利用绘本的优势。在某一位教师执教的绘本课堂中，教师这样设定自己的教学目标：

1. 通过对绘本的阅读，激发学生阅读的兴趣，提高学生阅读的积极性。

2. 初步感受到主人公之间深厚的友谊，明白现实生活中友谊的可贵。

教师的教学目标从知识与技能、过程与方法、情感态度与价值观三维角度来进行目标的设定。如今绘本的教学更多是从绘本的内容来进行目标的设定。低年级的学生对友谊的概念没有全面的认识，“感受友谊”并不是具体的目标，友谊的表现每对朋友之间表现也不相同，因此这个目标大多数情况下是无法在一本绘本的阅读中完全实现的。

二、低年级群绘本教学的尝试

（一）教师的教学方法上的尝试

1. 师生共读

即教师与学生围绕绘本进行共同的研读。教师为主导，以几个大问题引导学生看绘本，学生是主体，充分利用绘本独立思考老师的问题。笔者认为群绘本阅读可以根据课时教学目标的不同，采用不同的教学方法。例如以一本为主，其他几篇为辅的教学方式中，在第一课时的教学中，精读一本绘本时，教师的细致讲解在此教学中占有重要的作用，而引申的多本绘本则以略读、泛读的方式学习。例如在讲解《我妈妈》《逃家小兔》《我的妈妈真麻烦》这一群绘本中，第一课时，精读《我妈妈》可以让学生读得细致一些，更深一些，第二课时的绘本《逃家小兔》《我的妈妈真麻烦》这两本绘本都是描绘妈妈的形象，教师通过精读第一篇绘本《我妈妈》，可以让学生对这两本绘本进行泛读，用师生共读的方式来进行群绘本的阅读，有粗有细。

2. 多篇绘本共读

一本绘本只能体现此绘本对孩子的教育，难免会出现单一性，多本绘本共同解读，能够使孩子从不同的角度来看问题。此处所说的多本绘本是在某一方面有联系的绘本，例如作者相同，或者是对同一主旨不同解读的绘本。例如在绘本《我的爸爸叫焦尼》中，爸爸虽然不和孩子住在一起，但是仍然关心孩子，爱孩子；在绘本《好事成双》中，告诉孩子父母的离异并不是一件坏事而是一件好事。这两篇绘本都教育孩子要正确对待父母离异这件事，为孩子的身心健康发展进行引导。这两本绘本在教学主旨上存在一定联系，能够在一定程度上告诉孩子离异不是一件可怕的事情。又例如《我爸爸》《大猩猩》等描绘爸爸的绘本中，从不同角度、不同的立场出发，描绘了不同的爸爸，可以让学生多角度地认识父亲这个形象，有利于学生正确对待父亲与自己的关系。

（二）在低年级学生课堂的主体性上的尝试

1. 学生自主解读

在学生自主解读的过程中，要求学生在课堂上有一定的时间仔细对绘本进行阅读，尤其是绘本中的优美的图画和精简的文字，更能激起低年级学生的阅读兴趣。课堂上必须强调学生的主体性，培养学生的阅读策略，在课堂中分课时进行教学，细致讲解与学生泛读并存，既能使教师作为引导的角色参与学生的课堂，又给予学生更多的自主时间进行绘本的阅读，形成自我建构的过程。例如在教学绘本《我爸爸》《我妈妈》时，教师设定的目标为体会作者绘画手法的共同点，在一定范围内绘画属于自己的绘本。教师在细致讲解绘本《我爸爸》的特点之后，学生可以自主阅读绘本《我妈妈》，两本绘本为同一作者绘制，因此在绘画手法上存在共同点，学生会在自己的阅读中发现绘本间的联系，发现作者的绘画风格夸张而带有喜剧色彩，这要求学生有足够的时间自主解读绘本。

2. 合作学习

合作学习是新课改强调的新的学习方式，在教师的引导下，对学生进行异质分组，因为不同性格，拥有不同思维方式的学生对文本解读的方式不同，从而能够多角度解读文本，使学生对文本的解读更加全面。将不同兴趣爱好、不同认知方式的学生分为一组，在学习过程中学生自主解读绘本后，小组之间讨论绘本，学生各自关注绘本的点不同，意味着学生之间的交流是有意义的，通过合作学习在一定程度上能够促进学生对绘本的理解。

（三）在低年级教学内容上的尝试

1. 同主题

多本绘本的选择，可以从同一主体不同故事、不同作者的解读中让学生更加全面地了解这一主题。例如选取以“爱”为主题的群绘本，在优秀的绘本中笔者找到了如下四本绘本进行分析：

《我妈妈》是描绘母亲的相关绘本；《我爸爸》则是描绘父亲的相关绘本；《大猩猩》通过想象大猩猩与小朋友之间产生的爱，来弥补现实生活中缺少的父爱；《长大做个好爷爷》是讲祖孙之爱，绘本善于将动物拟人化，小熊的形象可爱，故事生动形象，容易激发小朋友的阅读兴趣。四本绘本都是描绘“爱”这个主题，但是不同的是描绘的爱是不同的，有父亲的爱，母亲的爱，小动物的爱，爷爷的爱。在生活中，孩子因为阅历较少，对爱不能完全理解。“爱”不仅仅是指爱情，爱有很多种，通过对“爱”这一主题的绘本的归类，孩子可以在学习中领略不同的“爱”，朋友之爱，亲人之爱等等，都不是单一的形式，不同的表达爱的方式，不同人之间的爱，往往是不相同的。因此将同主题的绘本归类让孩子学会从不同的角度感受和思考。

2. 同作者

同作者，顾名思义是同一作者的不同作品，一个作者的作品往往在风格上会有类似之处。一本绘本的创作包括绘画和文字，绘画部分尤为重要。绘画的色彩，绘画的风格都会影响孩子的审美能力，通过绘本的绘画细节来培养学生的观察能力也是极其重要的。以安东尼·布朗为例，笔者之前提到的《我爸爸》《我妈妈》《大猩猩》皆为其作品。《我爸爸》整个绘本以孩子的视角讲述了这是一个怎样的爸爸，绘本采用的色彩明亮，略带有夸张的绘画手法，将爸爸的无所不能突出，整个绘本注重细节，爸爸的棕色西装从绘本第一页贯穿整个绘本。笔者将截取部分绘本加以分析：

我爸爸吃得像马一样多，

他可以从月亮上跳过去，

有时又像泰迪熊一样柔软。

游得像鱼一样快。

首先，爸爸的西装和里面类似于病号服的衣服贯穿了绘本，也因此奠定了绘本轻松而夸张的风格。其次，作者通过夸张的画法将爸爸的性格特征生动形象地画出来。“吃得像马一样多”“像泰迪熊一样柔软”“游得像鱼一样快”，都生动地刻画出了爸爸的形象。小朋友从绘本中可以既轻松又愉快地学会仔细观察。父亲的眼神在最后一幅图中展现得尤为突出。小朋友通过绘本的观察可以学会从眼神、外貌、动作等方面来描绘一个人，懂得运用夸张的手法来描绘。清华附小的校长窦桂梅老师在上《我爸爸》这一绘本时，同样也注意到了这一细节的描绘，鼓励学生看图，学生的观察能力在其中不知不觉地培养起来了。

由此可见，孩子通过对这两本绘本的研读，了解绘本的绘画方法和绘画风格。我们可以让孩子学习大师的绘画方法，例如对自己的解读，以《这是我》为名，给自己绘画一本绘本，孩子会学会如何突出自己的性格特征和外貌特征，在这类绘本的学习中可以让孩子学会绘制绘本，提高孩子的欣赏能力和审美能力，培养学生的观察能力。

3. 同形象

指的是同一形象在不同绘本中的不同表现。以爸爸这个形象为例：在安东尼·布朗的作品《我爸爸》中，爸爸是一个本领大、无所不能、性格开朗的爸爸，同时也是爱我的爸爸。在《大猩猩》中的爸爸是一个因为工作忙碌而忽略孩子需要的形象。在《世界上最好的爸爸》绘本中，爸爸不是全世界本领最大的爸爸，却是最爱孩子的爸爸，突出父亲的爱是力所能及的爱。《我的爸爸叫焦尼》描绘因为夫妻离异而不能生活在一起的父子，这个爸爸会陪儿子做任何他想做的事情，爸爸通过陪伴来表现对儿子的爱。以上的绘本虽然都是描绘爸爸的形象，但是爸爸的性格、爸爸表达爱的方式却是不一样的。对同一形象的不同刻画，有利于孩子更全面地了解身边的亲人，更加理解亲情、友情的不同表达。

依据群文阅读的理念，几本绘本相互联系，共同阅读，让学生寻找绘本之间的联系。不同的绘本之间的联系是多种多样的，教师与学生阅读绘本的方式也大不相同。群绘本阅读尊重了学生的个性以及能够培养学生自主学习的能力，绘本的精致以及绘本多彩的画面能够吸引低年级学生阅读的兴趣。

三、结语

在对绘本的分析和研究中，笔者发现绘本教学有其不可替代的价值，群绘本的阅读也拥有一定的价值。

首先，群绘本阅读能够提高学生在课堂教学过程中的主体地位，群绘本阅读在低年级是可行的，在课堂有限的时间内给学生时间独立阅读绘本，能够使学生提高阅读兴趣和学习阅读策略。阅读教学是学生、教师、文本之间的对话，为了保证学生的主体地位，群绘本阅读中教师在课堂中“沉默”，也是一种让学生独立思考的方式。

其次，群绘本阅读教学让学生能够从不同的角度分析事物，更加全面地看世界、看问题，这是一种对思维方式的训练。养成能够全面看问题、多角度看问题的思维方式，能使学生在学习和生活中更全面地处理问题。群绘本在内容的选择上至关重要，内容上我们可以选择涉及当代话题的热点绘本，也可以选择涉及经典话题的绘本。例如在低年级我们要告诉学生男女生的性别意识，选择的绘本可以为一组都是关于男女生区别的绘本，一本绘本可能不够全面，两到三本不同角度的绘本，可以帮助学生从更多角度看待问题。

再次，群绘本应该教什么，需要教师根据绘本本身的特点和学生特点进行针对性的教学，既要了解什么是学生需要的，也要了解教师自身能够教给学生什么。

最后，群绘本阅读能够拓展学生的思维以及绘画分析等能力。我们学习群绘本的目的不仅仅是让学生学习绘本的内容，会读绘本，学生也可以学绘本，即绘画绘本。如今的素质教育不仅仅是要求学生学习书本知识，而且更加注重学生的能力，如绘画能力、想象能力、观察能力的培养。

参考文献:

[1]赵飞君. 以“绘本阅读”为载体的低年级语文综合性学习研究[J]. 上海教育科研，2007(2):87-88.

[2]王林. 图画书教学的行走之道[J]. 人民教育，2007(Z2):70.

后　记

群文阅读教学是我在杭州市天长小学工作期间接触到的。1999 年我从淮阴师范学校毕业后，在农村小学教了 5 年语文、2 年英语，对语文教学也算有了简单的摸索。2006 年我去杭州师范大学读研究生，2009 年毕业后，杭州市天长小学楼朝辉校长一眼看中我，把我招聘进了天长小学。在天长小学工作期间，我结识了各位语文特级教师，如楼朝辉、蒋军晶等，尤其是痴迷于语文教学的蒋军晶，他在 2011 年左右开始与我商议让我做一些群文阅读教学的研究。可是那时候我在华中师范大学忙于应付我的博士论文，所以这件事就耽搁了下来。2013 年，我博士毕业后来到南京晓庄学院任教，又正好给小学教育文科班上课，这时候我觉得有必要认真研究一下群文阅读教学，给学生们介绍一下现在一线教学的变革。其间与蒋军晶有过多次交流，特别是 2015 年 6 月 6 日，我们在重庆玉峰山的东方山水假日酒店，与重庆、四川的名特师的交流，让我对群文阅读教学有了一个新的认识。下山后，我即着手与蒋军晶合作撰写了《群文阅读教学：概念、价值与实践路径》一文。这篇文章我本拟投给课程教学论方面的核心期刊，哪知道在食堂吃饭时被《南京晓庄学院学报》主编钟玖英教授半路截胡，要立刻刊发在《南京晓庄学院学报》上。不曾想，这篇论文短短四年时间，就成了 35 年历史的学报被引率第二名，目前被引已经高达 160 余次。钟主编为此也非常骄傲，时常拿这篇文章鼓励我为学报写好稿子。

与此同时，我开始考虑如何进一步推进群文阅读教学，除了自己积极撰写相关文章在《教学与管理》等期刊发表外，我还想怎么充分调动起小学教育文科班同学的作用。其实这又涉及我的兴趣与学生兴趣的取舍问题。我博士期间是研究教育史的，近些年又关注教育治理研究，但一旦让我的学生跟随我的主流研究方向，那么很可能他们在完成本科毕业论文成为一名小学语文教师后，所受的训练及研究就对他们没有价值和作用了，因为他们在日常工作中是不会关注到教育史、教育治理问题的。我想起我的导师周洪宇教授时常对我说的“结合点、平衡点、突破点”的工作方法，我觉得还是要为了学生长远发展考虑，尽可能地多看一些小学语文研究的材料，多投入点精力，虽然我要牺牲点时间，但学生却会长远受益。这样一来，选取以“群文阅读教学”为核心的语文教学论研究与写作，对学生们将来的论文评比、发表都会有用。事实证明我的取舍是正确的，近些年我带的学生，他们用毕业论文去参加区、县论文评比就获得了多个奖项，还有多篇学生的论文在《教学与管理》《生活教育》等期刊发表，甚至还有学生以“群文阅读”为主题获得了市级教科研项目。

在确定了学生的选题方向后，我开始筹划用四五年时间，带出一批学生，写一批这方面的研究，因而我从理论研究、实践研究两个维度筹划了一个写作方案。在学生选择方面，我从大二开始，通过双向选择，早早确定了一批跟随我做群文阅读教学的学生。特别是今年毕业的这批八个学生，我们从大二开始，时常开视频会议、线下研讨，甚至外出参加学术会议，学生们也获得了成长。学生们在学习研讨过程中也取得了长足的进步，如贾敏、陈诺等同学已经成长为我重要的学术助手，给予了我很大的帮助；张兰、顾琳、史怡恒、蒋言文、邵鹓瑜、沈志敏、华璐瑶、王倩倩、陈陆燕、尤晓婵、吴天羽、朱澄蕾、温颖、庄伟、江楠楠、严慧、朱凡、徐明娟也成了各自单位的科研和教学能手。教学相长，希望我们这样的一个团队能在今后形成更多的研究成果。

特别感谢来自浙江、江苏、山东、湖北、四川、河南、河北等全国各地的39位知名语文特级教师的联名推荐，这也是我给自己39周岁生日留下的一点美好记忆。感谢南京出版社朱天乐、胡孝佳编辑的认真校对，才有了这本书的出版。感谢南京晓庄学院教师教育学院王本余院长的大力资助，促成了本书的正式出版。本书是集合了本人近年来关于群文阅读教学的一些文章，以及我带的本科生撰写的毕业论文基础上汇总形成的，这也是我们南京晓庄学院小学教育专业人才培养的一个小小缩影，不足之处，敬请方家指正。

刘大伟

2020年12月2日

于南京方山